Lotte Bormuth

Wie ein Licht in dunkler Zeit

francke

Über die Autorin:

Lotte Bormuth ist eine der erfolgreichsten christlichen Autorinnen Deutschlands. In bald 100 Titeln hat sie mit Lebensbildern und eigenen Erlebnissen vielen Menschen Trost, Freude und Glaubensmut vermittelt. Sie hat fünf Kinder und 17 Enkel und lebt mit ihrem Mann in Marburg.

Bibliografische Information Der Deutschen Bibliothek
Die Deutsche Bibliothek verzeichnet diese Publikation in der
Deutschen Nationalbibliografie;
detaillierte bibliografische Daten sind im Internet
über http://dnb.ddb.de abrufbar.

ISBN 978-3-86827-463-9
© 2014 by Verlag der Francke-Buchhandlung GmbH
35037 Marburg an der Lahn
Umschlagbilder: © dreamstime.com / Viktoriia Kulish
Umschlaggestaltung: Verlag der Francke-Buchhandlung GmbH /
Christian Heinritz
Satz: Verlag der Francke-Buchhandlung GmbH
Printed in Czech Republic

www.francke-buch.de

Inhalt

Eine starke Ermutigung in meiner Jahreslosung

Jedes Jahr warte ich sehnsuchtsvoll darauf, dass die ersten Losungen der Herrnhuter Brüdergemeine auf den Büchertischen oder in den Buchhandlungen ausliegen. Sie enthalten Gottes Wort für jeden Tag. Die erste Seite, die ich aufschlage, ist der dritte Januar, mein Geburtstag. Was will mir Gott wohl für mein neues Lebensjahr als Weisung und Richtschnur mit auf den Weg geben?

Bei dem Geburtstagsgruß, den ich für 2014 las, musste ich schmunzeln. Haggai 2,4 war als Leitspruch angegeben: „Sei getrost, alles Volk im Lande, spricht der Herr, und arbeitet! Denn ich bin mit euch, spricht der Herr Zebaoth." Das war eine treffende Botschaft für mich. Mir waren nämlich in der letzten Zeit Zweifel gekommen, ob ich wohl weiter, wie bisher, meiner Arbeit würde nachkommen können. Gerade das vergangene Jahr war für mich sehr ertragreich gewesen und das hatte mich erfreut. Mit meinem Mann war ich zu zehn Freizeiten im Osten, Süden, Westen und Norden Deutschlands eingeladen gewesen. Bei einem Blick in meinen Terminkalender hatte mir manchmal sogar bange werden wollen. Meist waren es acht bis zehn Tage gewesen, auf die ich mich hatte vorbereiten müssen. Außerdem hatte ich auf 18 Frühstückstreffen Gottes Wort verkündigen dürfen. Mir war es gesundheitlich sehr gut ergangen und diese Aufgabe machte mir nach wie vor große Freude. Welch einen Reichtum bietet mir doch die Bibel. Ich war oft aus dem Staunen nicht herausgekommen. Einigen Menschen hatte ich in der Seelsorge Hilfe anbieten und sie in die Verbindung mit Gott bringen dürfen. Für mich sind dies Höhepunkte in meinem Dasein, wenn ein Ratsuchender sein wahres Zuhause und seinen Frieden im Leben findet. Oft schreibe ich mir dann seinen Namen in meinen Notizblock, damit ich ihn weiter betend begleiten kann. Dabei ist mir das Telefon von großer Hilfe. Im Laufe der Zeit habe ich mir eine eigene Telefonseelsorge aufbauen können, denn in meinen Büchern steht oft auf der letzten Seite meine vollständige Adresse. Es vergeht kaum ein Tag, an dem ich keinen Brief im Postkasten finde oder angerufen werde. Gerade bei den Telefonaten ist es mir wichtig, dass ich gut zuhöre, die Nöte der Menschen erkenne und ihnen durch das Wort der Bibel Trost und Hilfe zusprechen kann. Mir kommen dabei die Erfahrungen zugute, die ich in den 25 Jahren als ehrenamtliche Mitarbeiterin in der Telefonseelsorge in Marburg machen konnte.

Aber nun bin ich in meinem Reisedienst und in der Verkündigung des Evangeliums alt geworden. Seit über dreißig Jahren bin ich mit dem Zug oder

Auto unterwegs. Meine Kinder sind inzwischen alle erwachsen und längst aus dem Haus. So frage ich mich zu Recht: Werde ich im Dienst für Jesus noch gebraucht?

Wehmut wollte in mir aufkommen. Wahrscheinlich würden sich die Frauenkreise für ihre Verkündigungsdienste sagen: Wir müssen nach jüngeren Referenten Ausschau halten. Das könnte ich auch sehr gut verstehen. So war mir meine Geburtstagslosung eine echte Ermutigung, denn Gott selbst sprach sie mir zu: „Sei getrost, Lotte, und arbeite!" Auch wenn die Jahre tiefe Falten in mein Gesicht gegraben haben und mein Haar grau geworden ist, werde ich doch nicht aus dem Dienst für meinen Herrn Christus entlassen. Wie wunderbar klingt mir das Wort der Losung in meinen Ohren: „Und arbeite!" Ist dies nicht ein besonderes Geschenk, dass wir nie fristlos aus Gottes Dienst entlassen werden? Sein Tun ist so reichhaltig. Vielfach sind seine Aufgaben. Leichter werden sie nicht.

Ich finde es auch sehr herausfordernd, die Stille vor meinem Herrn auszuhalten und im Gebet die mannigfachen Anliegen der Menschen vor ihm auszusprechen. Mein Notizblock ist mir dabei eine wichtige Hilfe, indem ich mir die Namen und Gebetsanliegen aufschreibe. Einige wenige will ich nennen. Da bittet eine Großmutter, dass ich für ihre Enkel bete, die aus der Spur mit Jesus ausgebrochen sind. Ein Krebskranker möchte gern, dass ich für ihn die Hände falte, denn er wurde wegen eines Nierenstaus in die Klinik eingeliefert. Der Freund unseres Sohnes, ein begabter promovierter Jurist, jungverheiratet mit einer wunderbaren Frau, liegt schon fast fünf Monate in der Klinik. Oft musste er auf der Intensivstation versorgt werden. Nun haben die Ärzte seine Frau zu sich gebeten und ihr geraten, für ihren Mann ein Pflegeheim zu suchen, da wohl keine Genesungschancen bestehen. Welch einen Kummer erleidet dieser junge, einst so hoffnungsvolle Anwalt. Er ist erst 39 Jahre alt und muss alle seine Hoffnungen auf Genesung begraben. Fast täglich nenne ich seinen Namen vor Gott: „Heile du, Herr, unseren Freund, mit dem wir so viele glückliche Tage haben erleben dürfen."

Es ist gut, dass Gott mir für mein neues Lebensjahr zuruft: „Arbeite!" Dabei mache ich die Erfahrung, dass das Gebet die stärkste Herausforderung ist. So muss ich um Beständigkeit, Geduld und Zuversicht in meinem Beten ringen. Wahrscheinlich ist dies die wichtigste Arbeit: die Fürbitte. Außerdem bewegt mich die Bitte: „Herr, ich möchte dich noch viel inniger anbeten. Bewirke du Glauben und Andacht in mir. Nimm mein oberflächliches Verhalten von mir und lass mich dich in deiner Schönheit, Herrlichkeit und Gnade immer mehr begreifen."

Das große Wunder von Reudnitz

War das ein Schreck, den ich am Abend erlebte. Gerade kam ich von einem Verkündigungsdienst aus Sosa ins Freizeitheim Reudnitz zurück, als einige Teilnehmer vor dem Haus standen und mir aufgeregt von einem Unfall erzählten: „Die kleine Anna Luise Meixner aus Klingenthal ist aus dem Fenster in die Tiefe gestürzt." Das vierjährige Mädchen war auf das Fensterbrett geklettert und hatte sich gegen das Fliegengitter gelehnt. Diesem Druck hatte das Gitter nicht standgehalten und so war das Kind in die Tiefe in einen großen Busch gesegelt, der nahe am Hause stand.

Wir bangten um das Leben dieses Mädchens. Die Familie packte die Kleine ins Auto und fuhr ins nächste Krankenhaus. Wir begleiteten die geschockten Eltern und beteten jeden Morgen für sie. Würde Anna Luise überleben? Nach zwei Tagen sahen wir die jungen Eltern, wie sie im Hof aus ihrem Auto stiegen und mit ihrem Liebling an der Hand ins Freizeitheim kamen. Inzwischen hatten wir schon eine telefonische Mitteilung erhalten, dass dem Mädchen, außer dem Schreck, nichts passiert sei. Uns kam dieses Erleben einem Wunder gleich. Die

Ärzte staunten selbst darüber. Bei ihrem Eintritt in den Esssaal stimmten wir das Lied an:

„Nun danket alle Gott mit Herzen, Mund und Händen,
der große Dinge tut an uns und allen Enden,
der uns von Mutterleib und Kindesbeinen an
unzählig viel zugut und bisher hat getan.

Der ewigreiche Gott will uns bei unserm Leben
ein immer fröhlich Herz und edlen Frieden geben
und uns in seiner Gnad erhalten fort und fort
und uns aus aller Not erlösen hier und dort.

Lob, Ehr und Preis sei Gott, dem Vater und dem Sohne,
und Gott, dem Heilgen Geist, im höchsten Himmelsthrone,
ihm, dem dreiein'gen Gott, wie es im Anfang war
und ist und bleiben wird so jetzt und immerdar."

Dann sprach ich noch ein Gebet und dankte Gott für sein schützendes Bewahren. Als die Freizeit zu Ende ging, kamen die Eltern noch einmal zu mir an den Büchertisch und kauften eins meiner Bücher mit dem Titel „Nicht schimpfen, nur freuen". Sie dankten mir für die innigen Gebete bei diesem Unfall, und der Vater fragte mich, ob er mich einmal in die Arme schließen könnte. Ich ließ mir diese Wertschätzung gern gefallen und gab diesen Dank weiter an Gott, der uns dieses Wunder hatte erleben lassen. Anna Luise Meixner geht es sehr gut.

Kennen Sie Sosa?

Sosa ist ein größeres schmuckes Dorf im Erzgebirge; ein Ort mitten in einer hügeligen Landschaft und von viel Wald umgeben. Entlang der Hauptstraße sind die reich mit Blumenschmuck verzierten Häuser an die Abhänge gebaut. Sie wirken sehr einladend. Aber noch eindrucksvoller und bedeutender sind die Menschen in diesem Dorf. Gott hat sie reich gesegnet. Noch nie bin ich so vielen Christen begegnet, die ihren Glauben fröhlich und mutig zum Ausdruck bringen. Schon mehrmals durfte ich in der herrlichen, großen Kirche das Wort Gottes verkündigen. Sie war immer bis auf den letzten Platz gefüllt. Besonders am Erntedanktag wird das Gotteshaus mit einem einmaligen Blumenschmuck ausgestattet. Die Besucher kommen dann von weit her, um sich dieses Schauspiel anzusehen.

Diesmal war ich in der Landeskirchlichen Gemeinschaft zu einer biblischen Abendversammlung eingeladen. Beide Säle waren sehr gut gefüllt. In den ersten Reihen saß der Männerchor. Mit ihren klangvollen Liedern unterstützten sie meine Predigt wunderbar. Ihre gewaltigen Stimmen ergriffen mich im Innersten und lieferten mir einen Vorgeschmack auf die himmlischen Chöre.

Ich danke Gott, dass hier, im Osten Deutschlands,

die Musik so stark beheimatet ist. Vor Kurzem wurde im Fernsehen das Lebensbild des berühmt gewordenen Professors und Posaunenbläsers Güttler dargestellt. Dieser Sohn Sosas ist weltbekannt. Außerdem hat er sich nach der Wende in aufopferungsvoller Weise für den Wiederaufbau der Frauenkirche in Dresden eingesetzt. Am 13. Februar 1945 war dieses Gotteshaus von englischen und amerikanischen Flugzeugen total zerbombt worden. Heute wird die Kirche, die ein wahres Schmuckstück darstellt, von Tausenden von Menschen besucht. Sie staunen über ihre Schönheit, loben Gott und hören das Evangelium. Mich hat der Besuch in Sosa sehr glücklich gemacht. Schon lange vor Beginn meines Vortrags standen die Besucher am Büchertisch, hatten Listen in den Händen und wollten die Bücher erwerben, die neu erschienen waren und die sie noch nicht in ihrem Besitz hatten. Manche zogen mit sechs bis acht Büchern an diesem Abend nach Hause.

Neu wurde ich dafür dankbar, dass Gott sich in einem weit abgelegenen Dorf im Osten solch eine Gemeinde aufgebaut hat, die seinen Ruhm und seine Ehre mit Vollmacht verkündigt. So wünsche ich Sosa, dass es zur Freude des Herrn Christus weiterhin blüht und den Namen unseres Vaters im Himmel verherrlicht. Außerdem ist es mir ein Anliegen, dass dieser kräftige Männerchor ständigen Zuwachs von begabten Sängern erhält. Die Loblieder sollen weiterhin die Menschen in die Gemeinschaft mit Christus rufen.

Eine tolle Überraschung

Noch immer kann ich das Wunder nicht begreifen, das ich erlebt habe. Ist es wahr oder träume ich? Mit einer prall gefüllten Geldtasche will ich heute die Geschenke für unsere Besucher des Heiligabendfestes einkaufen. Jeder Gast soll mit einem Lebensmittelpaket beglückt werden.

Mit drei hoch aufgetürmten Einkaufswagen steuere ich auf den Ausgang des Supermarktes zu. Mein Mann und Johannes – unser Sohn – helfen mir dabei. An der Kasse bilden sich, so kurz vor Weihnachten, lange Schlangen, und wir wollen uns einreihen. Mit skeptischem Blick beobachten die anderen Kunden die Menge der Waren, die wir langsam vor uns herschieben.

Plötzlich steht der Chef des Kaufmarktes neben mir. Seine an mich gerichtete Äußerung kann ich nicht recht verstehen: „Bitte, Frau Bormuth, folgen Sie mir." Dabei steuert er, mit dem Schlüssel in der Hand, auf eine noch ungeöffnete Kasse zu. Hier gehen wir durch, vorbei an allen anderen Käufern. Ich zögere noch immer. Will er mir mit seinem Tun eine längere Wartezeit ersparen? Nun wird der Leiter von tegut deutlicher: „Diese Einkäufe, die Sie eben für die Feier Ihrer bedürftigen Mitbürger getätigt haben, sind ein Geschenk des Hauses an Sie und alle

Ihre Gäste." Verwundert schaue ich den Verkaufsleiter an. „Ist das wahr?", frage ich ihn.

„Aber natürlich. Folgen Sie mir einfach, Frau Bormuth."

Ich bin sprachlos, was mir als Rednerin nicht so schnell passiert. „Ich kann es aber bezahlen. Dafür haben wir schon lange unser Opfer zurückgelegt." Ich zeige ihm meine Brieftasche.

„Ja, das mag sein, aber Sie werden sicher noch mehr Ausgaben für ein so großes Fest an Heiligabend haben. Marburg hat viele Arme, Einsame, Bedürftige, Flüchtlinge und Obdachlose."

„Ich weiß gar nicht, wie ich Ihnen danken soll. Ich sehe auch keine Möglichkeit, wie ich Ihre Freundlichkeit und Güte wieder wettmachen kann."

„Uns genügt es, liebe Frau Bormuth, wenn Sie weiterhin unsere Kundin bleiben. Und kommen Sie nächstes Jahr wieder." Fest drückt er mir dabei die Hand.

Diese vielen Gaben kommen mir einem Wunder gleich. Es gibt in unserem Land wirklich noch Menschen mit Herz, die für Hilfesuchende ihre Hand öffnen. Sogar in dem Namen der beiden leitenden Mitarbeiter spiegelt sich die Liebe der Weihnachtsbotschaft wider. Einer von ihnen hat sich mir mit dem Namen Balthasar vorgestellt. So wird einer der drei Weisen genannt, die dem Stern nach Bethlehem gefolgt sind, um den neugeborenen Gottessohn anzubeten und ihn mit vielen teuren Geschenken zu bedenken. Der andere trägt den wunderschönen Namen Shepherd, der die Bedeutung „Hirte" trägt. Kann es etwas Schöneres geben, als den Namen der Menschen zu tragen, die die Botschaft von der Geburt des Heilands zuallererst erfahren haben? Dieses Erleben im Kaufmarkt hat mich zutiefst erfreut und ich werde die Besucher der Veranstaltung an Heiligabend darüber informieren. Solch einem Supermarkt wünsche ich natürlich viele Kunden.

O Gnade Gottes wunderbar

Kein Lied bewegt mich so stark wie das englische Lied „Amazing Grace", aus der Feder von John Newton. Ich zitiere bewusst den englischen Text, weil er noch tiefer das Verderben aufzeigt, in dem der junge Mann seine Jahre verbrachte. Aber anschließend werde ich ihn übersetzen:

Amazing grace, how sweet the sound,
That saved a wretch like me!
I once was lost, but now I am found,
Was blind, but now I see.

'twas grace that taught my heart to fear,
and grace my fears relieved;
How precious did that grace appear,
The hour I first believed!

Through many dangers, toils and snares,
I have already come;
'twas grace that brought me safe thus far,
And grace will lead me home.

When we've been there ten thousand years,
Bright shining as the sun,

We've no less days to sing God's praise
Than when we'd first begun.

Die Übersetzung lautet:

O Gnade Gottes, wunderbar hast du errettet mich.
Ich war verloren ganz und gar, war blind, jetzt sehe
ich.

Die Gnade hat mich Furcht gelehrt und auch von
Furcht befreit,
seitdem ich mich zu Gott bekehrt bis hin zur Herr-
lichkeit.

Durch Schwierigkeiten mancher Art wurd' ich ja
schon geführt,
doch hat die Gnade mich bewahrt, die Ehre Gott
gebührt.

Wenn wir zehntausend Jahre sind in seiner Herr-
lichkeit,
mein Herz noch von der Gnade singt wie in der ers-
ten Zeit.

Welch tiefe Bedeutung hat dieses Lied. Es hat mich
gerade in schwierigen Situationen zu Tränen gerührt.
Hier wird die abgrundtiefe Verlorenheit des Menschen ausgedrückt. Newton muss sich als Schurke,
Versager und Loser gefühlt haben, als er diese Verse

dichtete. Er war Sklavenhändler und verdiente einen tüchtigen Batzen Geld an diesem schmutzigen Geschäft. Brutal und hartherzig war er und seine Schwarzen fürchteten ihn, als er sie aus Afrika nach England brachte. Mit Ketten um den Hals und die Füße gebunden saßen sie in seinen Schiffen und mussten in der prallen Sonne rudern, bis sie total erschöpft waren. Hunger und Durst quälten sie, und es war glühend heiß. In Newtons Augen galt ein Menschenleben überhaupt nichts.

Erst ein schrecklicher Sturm auf hoher See riss ihn aus seiner Unbarmherzigkeit. Sein Schiff drohte unterzugehen und füllte sich mehr und mehr mit Wasser. Lebensmittel und alles, was sonst noch entbehrlich war, wurde über Bord geworfen. Zum allerersten Mal wurde es diesem Menschenschinder bewusst, wie nahe er dem Tode war. In seiner größten Not ging Newton auf die Knie und schrie Gott um Erbarmen an: „Rette, rette mich, Herr! Ich will ein anderer Mensch werden!"

Und Gott erhörte sein Schreien. Wind und Wogen legten sich allmählich und unbeschadet erreichte sein Schiff den Hafen. Es war Jesu wunderbare Gnade, die Newton zuteil wurde und ihn auch zur Umkehr bewegte. Er wurde zu einem Kämpfer für die Sklavenbefreiung. Mehrere Jahre setzte er sich zusammen mit Wilberforce, einem Mitglied des englischen Parlaments, für die Befreiung der Sklaven ein. Sein restliches Leben engagierte er sich so sehr dafür, dass der entsetzliche Menschenhandel in England schließlich verboten wurde.

Welch erneuernde Kraft zeigt doch das Evangelium. Gnade ist Gottes wunderbares Geschenk an uns Menschen. Sie kann uns von Grund auf verändern. Das erkenne ich an meinem eigenen Leben. Meine Sünde will mir Jesus nicht mehr anrechnen, wenn ich sie bereue und ihm bekenne. Gnade bringt mich auch in Bewegung und ich will anderen Menschen von diesem Glück erzählen, damit auch sie zum Frieden mit Gott finden. Es schmerzt mich aber, wenn ich sehe, wie ablehnend sie ihrem Schöpfer gegenüber sein können.

Vor zwei Tagen besuchte ich eine alte Dame im Krankenhaus. Neben ihr lag eine achtzigjährige Frau, die an der Wirbelsäule operiert worden war. Es ging ihr recht gut, und voller Freude erzählte sie mir, dass sie nun bald entlassen werde. Um ihr Bett standen fünf Besucher: Tochter, Schwiegersohn, Enkel, Schwester und Schwager. Es ging recht laut zu. Sie redeten, sie lachten, sie stritten sich sogar und nahmen überhaupt keine Rücksicht auf die anderen Patienten im Zimmer. Als ich mit meiner Bekannten betete, sprach mich anschließend eine der geschwätzigen Frauen an: „Beten nützt doch gar nichts. Hören Sie mit solch frommem Getue auf!"

„Aber mir ist das Beten wichtig", antwortete ich ihr. „Jesus ist mein bester Freund. Zu ihm darf ich jederzeit mit meinen Anliegen kommen und auch andere mit in seine Liebe hineinnehmen und sie trösten, wie hier meine Mieterin. Wenn ich einmal von dieser Erde abtreten werde, wird Christus mich in seiner neuen Welt empfangen. Ich habe jetzt schon das biblische Alter erreicht, deshalb ist es gut zu wissen, was nach dem Tod kommt. Ich bin gewiss, dass mir der Himmel offen steht."

„Hören Sie auf mit diesem Gerede. Das ist doch nur eine falsche Vertröstung, nur Humbug. Ich will gar nicht in den Himmel kommen, die Hölle ist mir lieber", spottete die Besucherin.

Mir taten ihre Worte weh. „Bitte, reden Sie doch nicht so gottlos daher und nehmen Sie die einzigartige Chance wahr, die Jesus auch Ihnen anbietet. Sie sind wunderbar geschaffen und, wie ich sehe, auch noch sehr gesund. Christus wirbt um Sie und will auch Sie mit seiner Liebe überschütten. Sie dürfen für immer mit Ihrem Erlöser in der Herrlichkeit vereint sein. Solch ein einzigartiges Angebot dürfen Sie nicht einfach außer Acht lassen."

Meine Gesprächspartnerin zuckte nur mit den Achseln und schwieg.

Beim Verlassen des Patientenzimmers wurde ich wieder an die herrliche Gnade erinnert, die Newton in wunderbarer Weise besingt; „O Gnade Gottes, wunderbar hast du errettet mich".

Zwei Tage später besuchte ich meine Mieterin wieder. Das Bett neben ihr war inzwischen herausgefahren worden. „Na", sagte ich, „ist Ihre Nachbarin schon entlassen worden und erwarten Sie eine neue Mitpatientin?"

„Nein", klang es recht leise. „Die Dame ist gestern Nacht ganz plötzlich gestorben. Dabei sollte sie am nächsten Tag entlassen werden."

Ich war über diese Antwort sehr bestürzt. Schnell kann der Tod an unsere Tür klopfen. So will ich nicht schweigen, wenn ich mit Menschen zusammenkomme, und will ihnen Gottes Ruf zur Versöhnung weitersagen. Sein Erbarmen hat noch kein Ende, und seine Gnade gilt jeden Morgen neu.

Namen

Mein Sohn holte seinen Jungen von einer Familie ab, die in der Nähe von Marburg wohnt. Dort hatte der Dreizehnjährige ein schönes Wochenende verbracht. Beim Verabschieden fragt die Mutter des Klassenkameraden: „Herr Bormuth, haben Sie etwas mit der Lotte Bormuth zu tun? Meine Freundin hat mir zwei Bücher dieser Autorin geschenkt und sie gefallen mir ausgezeichnet. Sie sind spannend und lassen mich in das schöne, manchmal auch schwere Leben von Menschen blicken."

„Ja", lachte Johannes, „ich kenne sie sehr gut, schon seit 44 Jahren. Sie ist meine Mutter."

Gerade zu Beginn meiner schriftstellerischen Tätigkeit war es für meine Kinder etwas peinlich, wenn sie auf meinen Namen hin angesprochen wurden. Als meine Tochter heiratete, war sie an ihrem Hochzeitstag beglückt und sagte: „Mutter, wie froh bin ich, dass ich nun den Namen Bormuth endlich loswerde. Wie oft bin ich schon gefragt worden: ‚Kennst du etwa eine Lotte Bormuth?'"

Nur Daniel, der Jüngste der Familie, bildet hier eine Ausnahme. Als wieder einmal ein neues Buch von mir auf dem Markt erschien, schmuggelte er es heimlich in seinen Ranzen und zeigte es seiner Lehrerin. Er schlug sogar die Seite auf, wo ich folgende lustige Begebenheit erzählte, und durfte sie seiner Klasse vorlesen:

Wir sind eine große Familie, und es ist bei uns üblich, dass jedes der Kinder ein wenig bei der Hausarbeit anpackt. Wie sollte ich anders meinen großen Haushalt bewältigen: spülen, waschen, kochen, flicken, mit den Kleineren Schulaufgaben machen und den Garten umgraben. Die Zeit, die ich durch ihre Mithilfe einspare, kommt ihnen wieder zugute. So gehört es zu den Pflichten unseres Daniel, dass er Kartoffelschalen, Gemüsereste und verwelkte Blumen in einem kleinen Eimerchen auf den Komposthaufen tragen muss. Nicht selten wird dieser Dienst von einem Murren begleitet, und manchmal muss ich sogar zwei- oder dreimal sagen: „Daniel, trag den Abfall raus!"

Eines Tages sitzen wir vollzählig um den Mittagstisch. Nach einem schmackhaften Essen kommt wie von selbst ein lebhaftes Gespräch in Gang. Diesmal dreht sich alles um Verlobung und Hochzeit. Wenn man Kinder im heiratsfähigen Alter hat, spricht man hin und wieder über dieses Thema. Unser Fünfjähriger sitzt dabei und spitzt die Ohren. Kein Wort entgeht ihm. Plötzlich fragt mein Mann ganz unvermittelt: „Na, Daniel, willst du auch mal heiraten?" Die Antwort kommt wie aus der Pistole geschossen. „Nö, nö, Papa, sonst sagt die Braut: ‚Daniel, trag den Abfall raus!'" Wir brechen in ein schallendes Lachen aus. So klein der Knirps auch ist, er hat doch schon begriffen, dass Heiraten und eine Familie gründen immer auch Pflichten mit sich bringt.

Auch die Schüler haben über diese nette Begebenheit gelacht. Fröhlich kam Daniel an diesem Tag nach Hause und erzählte von seinem Ergehen. „Mama", machte er mir Mut, „deine Geschichte hat meinen Klassenkameraden gefallen. Schreib nur weiter. Ich mache die Streiche und du schreibst sie auf. Dann wirst du berühmt, und ich auch."

Ich kann meine Kinder gut verstehen, denn meine Bücher leben von wahren Geschichten, und manchmal werden auch sie dabei erwähnt. Romane könnte ich wahrscheinlich nicht zu Papier bringen. Ich bin immer sehr nah an Alltäglichem dran und fasse es in Worte. Vielleicht sind meine Bücher deshalb so begehrt, weil sich mancher Leser darin wiederfindet.

Ans Schreiben habe ich früher nie gedacht. Ich war bei der Fülle meiner Arbeit froh, wenn ich den Tag ordentlich überlebte. Aber durch schwere Führungen, Krankheiten und Unfälle in unserer Familie kam ich oft an den Rand meiner seelischen Kräfte. Da begann ich mir einiges von der Seele zu schreiben, und das hat mir geholfen, Konflikte besser zu überstehen. Aber diese kurzen Berichte waren nie dazu gedacht, dass sie veröffentlicht werden sollten.

Doch eine Freundin schickte sie an einen Verlag, der sie gern annahm und in einer Zeitschrift veröffentlichte. Der Schriftleiter bat mich, ihm noch mehr lustige, aber auch ernste Geschichten zu schicken.

So zeichnete sich in meinem Leben eine neue Spur ab. Nach etwa einem Jahr wurden diese einzelnen Manuskripte zu einem Buch zusammengefasst. Es erhielt den Titel „Ich staune über Gottes Führung". Mindestens 15-mal wurde es bisher aufgelegt. Das ist mein Bestseller geworden, obwohl ich vom Bücherschreiben zunächst keine Ahnung hatte. Meinen Lesern danke ich für ihre Bereitschaft, sich in meine Seiten zu vertiefen. Mit der Zeit habe ich ein wichtiges Anliegen gewonnen: Ich möchte den Menschen die Botschaft Jesu Christi ins Herz schreiben.

Wenn es draußen heiß wird ...

Schrecklich brennt die Sonne vom Himmel. An unserer Sparkasse ist ein Temperaturmesser angebracht. Dort werden 37 Grad angezeigt. Gerade für ältere Menschen kann diese Hitze zu einem Problem werden, und immer häufiger sieht man die Krankenwagen, wie sie mit Martinshorn durch die Straßen fahren. Oft befördern sie einen Menschen, der schnell in die Klinik eingeliefert werden muss, da es sich um einen Herzanfall oder einen Kreislaufkollaps handeln könnte. Für Menschen, die zudem noch unter dem Dach wohnen und keine Jalousien vor den Fenstern haben, heizt sich die Wohnung bis zu über 30 Grad auf.

Ich rief eine gute Bekannte an. Sie ist 86 Jahre alt, und ich war in Sorge um sie. Aber sie war putzmunter und ich konnte mich übers Telefon mit ihr unterhalten. „Frau Bormuth, um mich brauchen Sie sich keine Gedanken zu machen. Ich halte die heißen Tage gut aus. Schon am Vormittag bringt mich ein Spaziergang zu unserer Kirche. Sie steht ganz in meiner Nähe und ist tagsüber geöffnet. Dann werfe ich einen Euro in den Opferkasten. Sie wissen ja, dass meine Rente nur sehr gering ist. Deshalb kann ich nicht mehr geben. Ich setze mich vorne in die erste Bank. Eine angenehme Kühle umgibt mich hier. Ich nutze die Zeit, um mir die herrlichen Glasfenster anzuschauen. Sie sind wunderschön. Tief prägen sich mir ihre Bilder ein. Es macht mir dann Freude, Texte in der Bibel aufzuschlagen und über die Geburt Jesu, die Berufung seiner Jünger, den Kampf in Gethsemane, die Kreuzigung auf Golgatha, dann die Auferstehung Christi und die Himmelfahrt zu lesen. Wie schnell vergehen da die Stunden, die ich in der angenehmen Kühle des Gotteshauses zubringe. Mir wird beim Betrachten der biblischen Geschichten so wohl ums Herz. Wenn ich hungrig werde, hole ich meinen Joghurt und mein Käsebrot aus der Tasche und lasse mir beides gut schmecken. Ob sich der Küster wohl wundert, dass er mich so lange Zeit da sitzen sieht, ich weiß es nicht. Jedenfalls stört er mich nicht bei meiner Andacht. Ich denke, es ist besser, im Gotteshaus zu sitzen, als die Zeit beim Arzt zuzubringen, wenn mich die Gluthitze zu Hause so erschöpf hat. Hier in der Nähe des Altars ist mir zumute, als spräche Jesus zu mir. Ich höre seinem Reden zu, falte dann meine Hände und bete zu ihm, meinem Heiland. Alles, was mich beschweren will, etwa die Angst, ob denn meine Rente auch in Zukunft reichen wird, die Sorge um mein geschwächtes Herz, die Not meiner tragischen Lebensführung – Sie wissen ja, dass ich 1945 aus Ostpreußen fliehen musste – das alles sage ich meinem Herrn.

Neulich hat er in meiner Erinnerung wieder einen wunden Punkt in mir wachgerufen. Ich musste an meine Mutter denken. Groll stieg in mir auf. Ich war ein ungeliebtes und ungewolltes Kind, ein „Betriebsunfall". ‚Mathilde, wenn ich dich unehelichen Balg nicht geboren hätte, wäre mir vielleicht doch noch ein Mann über den Weg gelaufen. Aber wer will schon eine Frau mit solch einem lästigen Anhängsel heiraten?' Diese Worte machten mich traurig. Schon als Siebenjährige habe ich ihren Hass gegen mich gespürt und nie mehr vergessen können. Aber jetzt, hier in der Stille des aufgerichteten Kreuzes, wurde mir auch meine Sünde bewusst. Mir wurde klar vor Augen gestellt: Ich muss meiner Mutter vergeben und darf nicht mit dieser alten Schuld der Bitterkeit und des Grams in der Ewigkeit vor Gott erscheinen. Vergebene Schuld löscht auch die Erinnerung an böse Worte aus und gibt mir Hoffnung und ein grenzenloses Vertrauen zu meinem Herrn Christus.

Am Abend aber, wenn sich die Luft abgekühlt hat, danke ich meinem Herrn für die gesegneten Stunden im Kirchenschiff. Danach träume ich zufrieden einem neuen Tag entgegen, mit dem Vorsatz: Ich werde wieder in die Nicolaikirche gehen. So gehen die heißen Tage an mir schnell und unbeschadet vorüber, ja, sie werden mir sogar zum Segen."

Eine liebenswerte Mieterin

Eben komme ich von einem Besuch aus der Universitätsklinik nach Hause, wo ich eine ältere Mieterin besucht habe. Seit 25 Jahren wohnt sie schon bei uns. Nach 14 Jahren in der Psychiatrie, wo sie wegen einer Schizophrenie behandelt worden war, hatte man sie entlassen. Voller Angst war sie bei uns in die Zweizimmerwohnung gezogen und hatte nach dieser langen Krankenhauszeit Mühe, sich in der neuen Umgebung zurechtzufinden. Einiges musste sie neu lernen, z. B. wie man einkauft, telefoniert und Anträge für die Behörden ausfüllt. Wir halfen ihr dabei. Besondere Freude bereitete es ihr, wenn sie von meinem Mann im Auto zum Kaufmarkt mitgenommen wurde. So lernte ich in ihr einen liebenswerten Menschen kennen, der nie vergaß, mir ein Dankeschön zu sagen. Im Grunde waren es nur Kleinigkeiten, die wir für sie verrichteten, wie z. B. Wäsche waschen und ihr Bett neu beziehen. Aber all das half ihr, sich in die neue Umgebung einzugewöhnen.

Besonders freute es mich, dass sie während der langen Zeit in unserem Haus nie mehr in die Psychiatrie eingeliefert werden musste. Sie genoss es sichtlich, endlich eine eigene Wohnung zu haben und nicht mit mehreren Patientinnen in einem Zimmer zu leben. Besonders suchte sie den Kontakt zu unseren Kindern, und Daniel, unser Jüngster, wurde ihr Liebling. Ihn hatte sie ins Herz geschlossen. Wenn er ihr sonntags ein Stück Torte oder zum Mittagessen einen Teller mit Hühnersuppe ins Zimmer brachte, holte sie für ihn oft eine Tafel Schokolade aus dem Schrank. Gern setzte sie sich in den Garten und beobachtete Daniel bei seinem Fußballspiel. So gewann sie auch seine Freunde lieb.

Eine besondere Freude bereiteten ihr unsere Enkelkinder. Wenn wieder so ein kleiner Schatz das Licht der Welt erblickt hatte, dann trug sie das Baby auf ihrem Arm in ihre Wohnung. Sie liebte Kinder über alles, und das Lächeln eines kleinen Erdenbürgers zeichnete auch auf ihr Gesicht einen glücklichen Ausdruck. Sie selbst war ja auch Mutter zweier Söhne, aber irgendwie hatten die beiden erwachsenen Jungen ihre Mama total vergessen. Nicht ein einziges Mal hatten sie ihre Mutter in den 25 Jahren besucht. Auch kein Päckchen ihrer Familie oder ein Blumenstrauß zum Muttertag oder zum Geburtstag erreichte sie. Sie versuchte, Kontakt zu ihren Kindern zu halten, schrieb Gratulationskarten zum Geburtstag und Grüße zu Ostern und Weihnachten. Einmal hatte sie für ihre Jungen von dem wenigen Geld, das sie für ihren Lebensunterhalt von der Sozialhilfe erhielt, Wolle gekauft und Strümpfe gestrickt. Die beiden Päckchen schickte sie schon 14 Tage vor Weihnachten an ihre Lieben ab. Doch nach ein paar Tagen brachte der Briefträger diese Sendungen wieder zurück. „Annahme verweigert!", stand darauf. „Na, vielleicht sind meine beiden Söhne in die Berge zum Skilaufen gefahren", meinte sie und versuchte, die gestrickten Strümpfe kurz vor dem 24. Dezember ein zweites Mal zukommen zu lassen. Genau an Heiligabend händigte mir der Postbote die beiden Sendungen wieder mit dem gleichen Vermerk „Annahme verweigert" aus. Wut packte mich, denn mir war klar, dass ihre beiden Kinder keinen Kontakt zu ihrer psychisch kranken Mutter haben wollten. Wie ist eine solche Lieblosigkeit nur möglich! Ich verstaute die Postsendung hinter einem Schrank, denn mir fehlte der Mut, Frau Horst zu enttäuschen. Es hätte ihr das große Fest der Liebe total verdorben. Erst im Januar händigte ich meiner Mieterin die Päckchen aus. Ihren traurigen Blick werde ich so schnell nicht vergessen.

Nun lag Frau Horst mit schwersten Verletzungen in der Klinik. Sie war nachts, als sie das Bad aufsuchen wollte, die Treppe hinuntergestürzt. Ihre Hüfte und der rechte Arm waren gebrochen und sie musste noch am gleichen Tag operiert werden. Außerdem hatte sie starke Prellungen am ganzen Körper und eine offene Wunde am linken Arm. Nach Tagen stellten die Ärzte noch einen Bruch in der Wirbelsäule fest, der aber nach und nach heilte. Nun hätte sie Liebe und Verstehen von ihrer Familie gebraucht, aber diese Wohltaten blieben ihr versagt.

Ich besuchte sie fast jeden Tag, und immer wartete

sie schon auf mich. Sehnsüchtig streckte sie mir ihren gesunden Arm entgegen. Wenn ich ihr die Hand gab, zog sie mich zu sich herunter und gab mir einen Kuss auf die Stirn. Ihr ging es wirklich schlecht, und oft überfiel mich die Angst, ob sie überhaupt überleben würde. Ich brachte ihr Blumen, Pralinen, frische Nachthemden und Handtücher in die Klinik. Wohlriechende Seife und etwas Parfüm habe ich auch nicht vergessen. Mich schauderte der Gedanke, dass ein so ernsthaft verletzter Mensch von den nächsten Angehörigen überhaupt nicht beachtet wurde. Dabei hatten beide Söhne studiert und waren in höheren Ämtern tätig, wie sie mir einmal erzählt hatte.

Ihr Mann hatte ihre Ehe wegen schwerer Erkrankung annullieren lassen. Das hatte bei ihr eine tiefe Anfechtung ausgelöst. Einmal war sie ganz verzagt zu mir gekommen: „Frau Bormuth, mein Mann will sich von mir scheiden lassen. Aber das geht doch nicht. Ich bin katholisch, und in unserer Kirche ist die Ehe ein Sakrament und unauflösbar. Ich bin verzweifelt." Ich vermittelte sie daraufhin zu einem Geistlichen im Krankenhaus. Dieser tröstete sie mit dem Argument: „Die Ehe wurde nicht geschieden, sondern nur aufgelöst." Ist das ein Trost in der Seele einer niedergeschlagenen, frommen Katholikin?

Wie sehr hätte ich Frau Horst gewünscht, dass in diesen gefährlichen Tagen, nach ihrer Hüft- und Armoperation, wenigstens einer aus der Familie nach ihr geschaut hätte. Sie aber blieb Tag und Nacht, mit heftigen Schmerzen, allein. Bei all meinen Besuchen war es mir immer ein Anliegen, meine Hände zu falten und für sie zu beten. Oft las ich ihr einen Psalm vor. Ich freute mich, dass es Frau Horst mit jedem Tag besser ging und sie die Krise überwand.

Inzwischen war sie in das christliche Diakoniekrankenhaus verlegt worden. Weil ich selbst mehrmals Patient in dieser Klinik gewesen war, kannte ich den Krankenhausseelsorger sehr gut. Ich bat ihn, Frau Horst zu besuchen. Sie erfuhr seine Liebe, Trost und Hilfe. Jedes Mal sang er ihr einen Choral vor und betete mit ihr. Voller Freude erzählte sie mir dann, wie wunderbar sie durch die Strophen von Paul Gerhardt getröstet worden war. Diesem einzigartigen wunderbaren Liederdichter war es geschenkt, traurige Herzen zu erreichen und sie aufzumuntern:

Befiehl du deine Wege und was dein Herze kränkt
der allertreusten Pflege des, der den Himmel lenkt.
Der Wolken, Luft und Winden gibt Wege, Lauf und Bahn,
der wird auch Wege finden, da dein Fuß gehen kann.

Eine Begegnung auf dem Friedhof

Seit Alexander aus Kasachstan auf unserem Friedhof begraben liegt, besuche ich vor allen Dingen im Sommer dreimal in der Woche sein Grab, um die Blumen zu gießen. Er hat sonst keine Angehörigen hier in Marburg. Da er etwa sechs Jahre bei uns gewohnt hat und wir Freunde wurden, habe ich seine Grabpflege übernommen. Die Mutter dieses so früh verstorbenen Mannes ist 92 Jahre alt und lebt in Moskau.

Nachdem ich das Unkraut beseitigt und die Blumen gegossen habe, spaziere ich noch zwei Runden über den Friedhof. Dabei fällt mir eine Frau besonders auf. Sie steht an einem Grabstein und pflanzt eine rote und weiße Heidekrautpflanze in die Erde. Als sie mich erblickt, winkt sie mir zu, und ich gehe zu ihr. Herzlich begrüße ich sie. „Hier liegt mein Christian begraben. Vor einem Jahr ist er plötzlich verstorben. Nach dem Tod meines Mannes hatte ich geglaubt, in ihm die Stütze für mein Leben zu haben, die ich brauche. Aber mein Traum muss nun unerfüllt bleiben. Wir haben eine so wunderbare Zeit miteinander verlebt, doch nun ist er mir von der Seite gerissen worden. Ich bin unendlich traurig darüber und noch immer lasse ich viele Tränen auf die Grabplatte tropfen."

„Ja", versuche ich auf die Not dieser Mutter einzugehen, „es gibt wohl nichts Schlimmeres für Eltern, als ihr eigenes Kind hergeben zu müssen. Sehen Sie, mir wird es auch schwer ums Herz, wenn ich an Ihr Leid denke. Ich begreife Ihren Schmerz ein klein wenig, zumal Sie sich mit Ihrem Sohn so gut verstanden haben. Aber trösten kann ich Sie nicht. In solch unbegreiflichen Führungen kann nur Gott selbst seine Hand auf Sie legen und Ihnen warmherzige Worte zusprechen. In der Bibel heißt es: ‚Ich will euch trösten, wie einen seine Mutter tröstet' (Jesaja 66,13). Auch in den Psalmen finden Sie ermutigende Worte, die Ihnen in Ihrer Traurigkeit Zuspruch geben. Nichts gibt mehr Mut im Leid als die Gewissheit, mitten im Elend von der Liebe Gottes umfangen zu werden. Der Vater im Himmel hat ja selbst tiefsten Schmerz und Grauen erfahren, als er Jesus, seinen Sohn, auf Golgatha sterben sah. Aber als die gaffende Menschenmenge um das Kreuz stand, den Heiland der Welt verhöhnte und über ihn lästerte, hatte Gott schon den wunderbaren Ostermorgen ins Auge gefasst. Christus ist nicht im Tode geblieben, sondern ist auferstanden. Wenn wir uns diese wunderbare Tat der Auferstehung vor Augen führen, uns dem Allmächtigen anvertrauen und uns ihm völlig in die Arme werfen, dürfen wir hoffen: Gott wird auch uns den Himmel öffnen. Aus der Ewigkeit ist

Gottes herrliches Tun auch zu uns hereingebrochen, indem er Jesus aus dem Tod ins ewige Leben führte. Diese Tatsache kann auch Sie in Ihrem Kummer trösten. Ich werde für Sie ein Neues Testament in eine Plastiktüte stecken und es bei meinem nächsten Besuch auf dem Friedhof an Ihrem Grabstein niederlegen. Das ist das Beste, das ich Ihnen in Ihrer Trauer geben kann. Außerdem verspreche ich Ihnen, dass ich Sie in mein Abendgebet einschließen werde. Gott segne Sie."

Mit einem kräftigen Händedruck verabschiede ich mich von dieser trauernden Witwe. Als ich wieder zu Hause bin, schreibe ich die Zusage Gottes etwas abgeändert als Widmung ins Neue Testament, wie sie in Jesaja 43 steht: „Weil du in Gottes Augen mit deinem Sohn so wertvoll geachtet bist, sollst du auch wunderbar sein, denn er hat dich lieb. Darum fürchte dich nicht und sei getrost!" Damit ich weiter im Gespräch mit dieser Mutter bleiben kann, notiere ich noch meine Telefonnummer unter diese Zeilen. Gerne darf sie mich anrufen, wenn es ihr schwer ums Herz ist.

Ein Dach für einen Obdachlosen

„Könnten Sie mir helfen, Frau Bormuth. Ich bin Jonathan Schmidt. Mir wurde Ihre Adresse von einer Diakonisse genannt. Sie seien hier in Marburg so etwas wie eine Mutter Teresa für uns Brüder der Landstraße. Nun laufe ich in dem Ort herum, kann aber Ihre Straße nicht finden. Was soll ich tun?"

„Nennen Sie mir bitte den Straßennamen und die Nummer des Hauses, vor dem Sie gerade warten. Ich werde meinen Mann bitten, dass er Sie holt. Er fährt einen blauen Renault. In fünf Minuten ist er bei Ihnen."

Jonathan war glücklich über dieses Angebot und rief mir noch über das Telefon zu:

„Ich trage ein gelbes Hemd mit einer braunen Lederjacke darüber."

Kurze Zeit später betrat der junge Mann unser Haus. Innerhalb der letzten fünf Wochen war dies schon der dritte Obdachlose, der dringend eine Bleibe suchte.

Tagsüber ist es noch warm, aber in der Nacht wird es schon recht kalt. Der Herbst hat sich angekündigt. Da ein Zimmer gerade leer geworden ist, konnten wir es anbieten. „Danke! Danke! Frau Bormuth. Wie gut, dass Sie mir eine Bleibe geben.

Kann ich heute früh schon kommen?"

„Mir wäre es lieber, wenn Sie erst in zwei Tagen bei uns einziehen. Wir möchten das Zimmer noch renovieren."

„Das kann ich selbst erledigen. Bei meinen Eltern habe ich auch schon die Wände ihrer Küche und das Schlafzimmer angestrichen. Wie ich mich freue, dass ich in der Nacht nicht mehr draußen frieren muss. Können Sie mir auch die Möbel überlassen und mir Bettzeug geben? Sie müssen wissen, ich besitze nur einen Rucksack mit einigen wenigen Habseligkeiten darin und einen Schlafsack."

„Ich werde Ihnen das Zimmer so überlassen, wie Sie es jetzt sehen. Und Bettwäsche und Handtücher können Sie auch von mir bekommen."

„Das ist super! Also ich ziehe heute Morgen schon bei Ihnen ein. Sind Sie auch ein gläubiger Mensch, wie ich?"

„Wir gehören zur evangelischen Kirche und nehmen Sie gerne am Sonntag mit in den Gottesdienst."

„Ja, das würde mich freuen. Um wie viel Uhr beginnt der Gottesdienst?"

„Wir werden gegen zehn Uhr abfahren. Dann steht unser Auto für Sie bereit."

Als unser neuer Mieter bei uns einzieht, ergibt sich noch ein interessantes Gespräch mit ihm:

„Jonathan, das ist das größte Glück für uns Menschen, wenn wir in Christus unseren Halt finden. Ihm dürfen wir immer vertrauen." Aus meinem Regal hole ich ein Neues Testament und drücke es unserem Gast in die Hand. Das mache ich meistens so, wenn ein neuer Mieter einziehen will. Ich lege ihm Gottes Wort ins Zimmer.

„Ja, das ist gut für mich, denn die Schrift ist recht groß. Vielen Dank, Frau Bormuth. Meine Bibel ist mir abhanden gekommen. Aber nun kann ich mich wieder am Wort Gottes orientieren. Vor allem ist mir das Neue Testament bekannt. Die Geschichten über Jesus und besonders das Vaterunser liebe ich. Wie oft habe ich es schon gebetet, besonders wenn ich in Not geraten war.“

„Sie dürfen immer zu Christus kommen und mit ihm reden, auch wenn Sie freudvolle Tage erleben. Er versteht Sie in all Ihren Anliegen und will Ihnen Hoffnung schenken.“

„Ja, das weiß ich, aber leider kenne ich nur wenige glückliche Stunden. 15 Jahre habe ich in einem renommierten Hotel gearbeitet. Dann erlitt ich einen Betriebsunfall. Seitdem ist meine rechte Hand gelähmt. Ich bin nun arbeitsunfähig und beziehe nur eine geringe Rente. Aber das Sozialamt unterstützt mich. Für mich ist das Leben schwierig geworden. Oft packt mich die Verzweiflung über mein armseliges Los. Deshalb bin ich auch zum Tippelbruder geworden. Der Halt in Gott ist mir ein Stück weit verloren gegangen, aber vielleicht finde ich wieder auf seine Spur zurück.“

„Ja, das wünsche ich Ihnen von Herzen. Ich hole

jetzt die Schlüssel, und dann können Sie es sich in Ihrer neuen Behausung schön einrichten, wenn die Wände fertig gestrichen sind." Mit diesen Worten verabschiede ich mich von Jonathan. Mir bleibt die Frage: Wird sich unser Gast bei uns wohlfühlen und sich einleben, wo er doch schon so lange auf der Straße gelebt hat?

Mich ermutigt Jesus immer wieder durch sein Wort und sein Handeln. In meiner Stillen Zeit lese ich gerade Lukas 24. Es ist die Geschichte von den Emmausjüngern. Jesus begegnete ihnen, als sie recht traurig und niedergeschlagen waren. Sie kamen aus Jerusalem und wussten noch nicht, dass der Gottessohn auferstanden war. Auch konnten sie ihn nicht erkennen, als er sich ihnen anschloss. Er zeigte ihnen dann seine wunden Hände und wunden Füße und setzte sich mit ihnen an den Tisch. Er erklärte ihnen die Heilige Schrift, in der über sein Leiden und seine Auferstehung berichtet wurde. Er sprach auch davon, dass sie seine Zeugen sein sollen und dass Gott sie mit Kraft ausrüsten werde. Dann führte er sie hinaus nach Bethanien, erhob seine Hände und segnete sie. Christus ist auch heute noch derselbe Herr und Erlöser und sein Segen gilt auch Jonathan. Jedenfalls fährt er immer gern mit uns zur Kirche und hört auf Gottes Wort.

Ein Spruch zur Konfirmation

Zu meiner Konfirmation erhielt ich das Wort aus Matthäus 25,40: „Was ihr getan habt einem von diesen meinen geringsten Brüdern, das habt ihr mir getan." Über diese Auswahl des Pfarrers war ich zunächst sehr verärgert. Was sollte ich mit „geringen Brüdern" anfangen? Mit ihnen hatte ich als junges Mädchen nichts am Hut. Das ganze Leben lag vor mir, und ich hatte viele Wünsche, Pläne und Ziele. Nein, da hatte Pfarrer Scheffer bei mir mit der Auswahl der Sprüche danebengegriffen.

Aber meine Sicht der Dinge änderte sich sehr bald. Im Nachbarort wohnten zwei blinde junge Mädchen: Marianne und Elisabeth. Ich wurde gebeten, mich um sie zu kümmern. Für die nächsten sechs Jahre hatte ich nun eine neue Aufgabe. Die Betreuung dieser beiden Blinden wurde für mich zu einem freudvollen Ereignis und ich gewann meine dankbaren Freundinnen sehr lieb. Um mit ihnen gemeinsam an den Bibelarbeiten der Jugendlichen in der Landeskirchlichen Gemeinschaft teilzunehmen, holte ich sie jeden Montag ab. Aber es war immer eine lange Strecke, die ich zurücklegen musste, fünf Kilometer hin und fünf Kilometer wieder zurück. Wir vergnügten uns auf unseren Wegen, indem wir viele Lieder und Bibelsprüche auswendig lernten.

Aus dieser Zeit stammen meine Kenntnisse über die Heilige Schrift. Wenn wir müde waren, setzten wir uns an den Straßenrand und ich las ihnen Geschichten aus dem Neuen Testament vor. Oft fuhren wir auch gemeinsam zu Glaubenskonferenzen. Und immer hatten sich Marianne und Elisabeth fest an meinen Armen eingehakt. Gewiss, manchmal hätte ich mich gern auch aufs Fahrrad gesetzt und hätte mit meinen Klassenkameraden eine Tour unternommen, aber in dieser Zeit hatten meine beiden Freundinnen immer den Vorrang. In unserem Ort wurde schon gemunkelt, dass ich wohl keinen Freund oder Ehemann finden würde, wenn ich mich weiterhin so um die Blinden kümmern würde. Gott aber lässt uns in seinem Dienst nie zu kurz kommen. Er schenkte mir, gleich zu Beginn meines Studiums in Marburg, den besten und liebevollsten Menschen. 57 Jahre sind wir nun schon glücklich verheiratet, haben fünf erwachsene Kinder mit Ehefrauen und 17 Enkel. Leider dürfen wir unsere beiden Urenkelchen nicht in unseren Armen halten, denn sie sind schon bei Gott im Himmel.

Ich muss nicht auf mein eigenes Wohl bedacht sein. Und ist Jesus für uns nicht zum Vorbild geworden? Als Baby wurde er in eine Krippe gelegt. Ärmlich und elend war sein Dasein. Schon bald nach seiner Geburt musste sein Vater den Esel aus dem Stall führen und mit Maria und dem Säugling fliehen, weil der Herrscher nach dem Leben von Jesus trachtete. Gott hat seinen Sohn in die Welt geschickt, um uns zu retten, und Jesus hatte noch nicht einmal einen Platz, auf den er sein Haupt legen konnte. Völlig selbstlos und voller Hingabe stellte er sich in den Dienst von uns Menschen. Wie viele Verletzungen seelischer Art hat er von den Pharisäern erfahren müssen. Als er einmal in seiner Heimatstadt predigte und den Menschen das Heil nahelegte, musste er erleben, dass er noch nicht einmal beachtet wurde. Für ihn galt das Wort, das er selbst sagte: „Kein Prophet gilt etwas in seinem Vaterland." Dabei waren seine Worte so tröstend und aufbauend, wenn er sprach. Aber seine Botschaft führte bei den Schriftgelehrten nicht zum Erfolg. Sie waren voller Zorn. Als sie Jesus hörten, stießen sie ihn zur Stadt hinaus und wollten ihn einen Abhang hinunterstürzen, sodass er sterben würde. Aber noch hatte er seine Ziele, die Gott ihm gegeben hat, nicht erfüllt. Er predigte weiter und rief den Menschen zu: „Lasst euch versöhnen mit Gott!" Nie hat er seinen eigenen Vorteil gesucht, sondern war nur von dem Gedanken erfüllt, wie er uns Menschen in die Gemeinschaft mit dem himmlischen Vater führen könnte. Er opferte sogar sein Leben am Kreuz von Golgatha und wurde wie ein Verbrecher hingerichtet. Als die gaffende Menschenmenge seinem Leiden und Sterben zusah, da hatte Gott schon den wunderbaren Ostermorgen im Sinn. Jesus ist nicht im Tode geblieben, sondern ist auferstanden, damit auch wir ewiges Leben in

Gottes Herrlichkeit erfahren. Von solchem Handeln bin ich bewegt und bete meinen Herrn Christus an. Ich will ihm gern nachfolgen und ihm auch dienen.

Ein junges Leben wird plötzlich ausgelöscht

Der heutige Tag war wohl der schrecklichste in diesem Jahr. Völlig aufgeregt schellte Jan an meiner Tür: „Kommen Sie schnell, Frau Bormuth! Ich weiß nicht, was mit Sebastian los ist. Heute Morgen hörte ich ihn noch heftig husten. Doch als ich jetzt zwei Stunden später zu ihm ins Zimmer kam – er schließt es niemals ab –, lag er so seltsam in seinem Bett. Ein Auge hatte er geschlossen, und das andere war offen. Als ich den jungen Mann in seinem Bett ansprach, hat er mir nicht geantwortet. Beeilen Sie sich!"

Schnell ging ich zu Sebastian. Als ich an sein Bett trat, erkannte ich sofort, dass sein Atem ausgesetzt hatte. Vorsichtig griff ich nach seiner Hand. Sie war erkaltet. So stand ich bei unserem Freund und war zutiefst erschüttert. „Sebastian ist verstorben", flüsterte ich meinem Mann leise zu, der mir gefolgt war. Tränen liefen mir über die Wangen. Ich faltete meine Hände und wollte ein Gebet sprechen. Das war meine erste Reaktion. Aber ich konnte kein Wort über die Lippen bringen. Mein Mann sah meine Verzweiflung, nahm mich in seine Arme und betete selbst zu Gott. Wir empfahlen unseren jungen Mieter in seine Hände. Sebastian konnten wir nicht mehr helfen.

Ist das nicht schrecklich, wenn ein Mensch ganz allein und einsam aus dieser Welt gehen muss und keiner ihm ein tröstendes Wort oder einen warmen Händedruck geben kann? Etwa vier Jahre hat Sebastian bei uns gewohnt. Wir wussten zunächst nicht, dass er suchtgefährdet war. Als ich seinen Mietvertrag ausfüllte, fragte ich ihn noch: „Haben Sie Probleme mit Alkohol und Drogen?"

„Eigentlich nein, nur ab und zu trinke ich ein Bierchen."

Bald aber erkannten wir, dass er mehr als nur ein Bierchen zu sich nahm. Die Mülltonnen füllten sich mit Wein- und Schnapsflaschen. Schon Mitte des Monats ging ihm sein Geld aus. Dann mussten wir seinen Hunger stillen. Gegen Ende des Jahres nahm er immer mehr an Gewicht ab. Einmal sagte ich zu meinem Mann: „Ich weiß nicht, ob Sebastian das Weihnachtsfest noch mit uns feiern kann. Er ist so spindeldürr. Außerdem vernachlässigt er sich in letzter Zeit doch sehr. Wenn ich zu ihm ins Zimmer komme, sieht es aus wie bei Hempels unter'm Sofa. Die leeren Alkoholflaschen stehen massenweise unter seinem Tisch, hinter Paketen versteckt."

Einmal kam ich aus der Stadt nach Hause und sah vor unserer Hofeinfahrt gleich zwei Autos stehen, den Krankenwagen und den Wagen des Notarztes. Ich eilte zu Sebastian und musste mit ansehen, wie sich der Doktor und die beiden Sanitäter mit ihm abmühten. Dieser einst so schöne junge Mann sah erbärmlich aus. Er rang nach Luft. Schließlich wurde er auf eine Trage gelegt und in die Klinik gefahren. „Jetzt wird ihm geholfen", atmete ich erleichtert auf. Aber schon drei Stunden später hielt ein Taxi vor unserem Haus, und recht mühsam stieg Sebastian die Treppe zu seinem Zimmer hoch. Er bat noch einen Mitbewohner, er möge dem Chauffeur das Fahrgeld bezahlen, denn er sei total ausgebrannt. Auf eigenen Wunsch hatte er sich aus der Klinik entlassen. Ich war darüber sehr ärgerlich. Warum handelte unser Mieter so leichtfertig? Sah er denn gar nicht, wie schlecht es ihm gesundheitlich ging? Wie wird die nächste Nacht wohl verlaufen? Zum Glück blieb alles ruhig. Aber schon am nächsten Morgen traten die Atembeschwerden erneut auf. Wieder wurde ich zu ihm geholt, und mir blieb keine andere Wahl, als den Notarzt zu holen. Aber nach der Untersuchung weigerte sich Sebastian, sich noch einmal ins Krankenhaus einweisen zu lassen. Der Arzt konnte nicht verstehen, wie ein junger Mensch so leichtsinnig mit seinem Leben umgehen konnte. Er bat mich dann, an seinem Bett sitzen zu bleiben und ihn ständig zu beobachten. Sollte sich sein Zustand dramatisch verschlechtern, sollte ich wieder die Nummer 112 wählen.

So hockte ich an diesem Tag fast sieben Stunden an Sebastians Bett und erlebte zum ersten Mal, wie schrecklich „Kalter Entzug" war, denn Sebastian war auch drogensüchtig. Ich war verzweifelt. Der junge Mann reagierte aggressiv, schrie laut, verlangte nach Schnaps, bedrohte einen Mitbewohner und wollte unbedingt Wodka haben. Ich konnte ihn kaum beruhigen. Schließlich rief ich noch einmal den Notarzt. Er kam sofort, sah das Elend des Patienten, wollte ihn aber gegen seinen Willen nicht noch einmal in die Klinik einweisen. Zu mir sagte der Mediziner: „Geben Sie ihm ein paar Flaschen Bier, das wird ihn beruhigen. Dieser Kalte Entzug ist sonst kaum durchzustehen." Anschließend sollte er sich in der Nervenklinik zur Entgiftung melden. Den Überweisungsschein füllte er mir gleich aus.

Ich folgte dem Rat des Arztes und ließ zwei Flaschen Bier holen. Da wir selbst zum Blauen Kreuz gehören, haben wir keinen Alkohol im Haus. Gierig trank Sebastian die Flaschen leer und wurde mit der Zeit ruhiger. Er verlangte auch nach Drogen, die ich ihm nicht beschaffen konnte und es auch nicht wollte. Mich macht es wütend, dass die Drogenhändler in Kolumbien und Afghanistan Millionen an ihrem Drogenhandel verdienen und damit Menschen in den Tod treiben. Das Elend dieser Süchtigen ist grenzenlos. Es dauerte noch Stunden, bevor mein Patient ruhiger wurde. Ich machte ihm Mut, es mit einer Entgiftung und anschließender Therapie zu versuchen. Er sagte mir zu, aber bei dem Arzt beschwerte er sich. Mit dem Finger zeigte er auf mich und sagte: „Frau Bormuth ist meine Mutter Teresa, aber eine ganz strenge." Der Arzt musste lachen. Leider folgte Sebastian dem Rat des Arztes nicht und ging nicht in die Nervenklinik. So blieb er total abgemagert in seinem Bett liegen und erduldete sein Elend. Dieses Bild des Jammers werde ich so schnell nicht loswerden.

Nun hatte er nicht überlebt. Alle Versuche zu seiner Rettung waren erfolglos geblieben. Natürlich machte ich mir Vorwürfe. Warum konnte ich denn diesem sonst so liebenswerten Menschen nicht besser helfen? In meiner Verzweiflung sagte ich: „Lotte, du bist nicht fähig, einem obdachlosen, aidskranken Alkoholiker und Drogensüchtigen zu helfen. Energischer hättest du mit ihm umgehen müssen. Aber nun ist alles zu spät. O Gott, verzeih mir mein Versagen, dass ich mich nicht mutiger und nicht energischer um Sebastian gekümmert habe." Ich fand erst dann innere Ruhe, als ich mich an ein Gespräch mit einem Pfarrer aus der Telefonseelsorge erinnerte.

25 Jahre habe ich dort ehrenamtlich mitgearbeitet, und Pfarrer Adamek war unser Leiter. Er hatte mich einmal sehr getröstet und neu ermutigt, als sich eine Anruferin nach einem langen Gespräch doch das Leben genommen hatte. Beim ersten Selbstmordversuch gelang es mir noch, sie zu retten und sie mit dem Notarzt in die Klinik bringen zu lassen. Sie hatte mehrere Röllchen Schlaftabletten geschluckt. Aber dann, nach einigen Monaten, las ich in der Tageszeitung unter den Todesanzeigen ihren Namen: „Meine liebe Mami ist von mir gegangen, Jessika!"

Ich wusste sofort, dass es sich um meine Anrufe- rin gehandelt hatte. Der Pfarrer erkannte meine Verzweiflung über den Tod dieser jungen Mutter und tröstete mich: „Frau Bormuth, wir sind nicht Herren über das Leben der Menschen. Manchmal ist ihre Todessehnsucht so stark, dass wir ihr nicht begegnen können. Uns macht nur Mut, dass Gott über jeden Verzweifelten am Ende seines Lebens ein letztes Wort aussprechen wird. Und es wird immer ein barmherziges Wort sein." Dessen bin ich auch bei Sebastian gewiss geworden. So befahl ich ihn in die Hände des lebendigen Gottes.

Ein ermutigender Brief

„Schade, dass ich nur einmal im Leben meinen acht-zigsten Geburtstag feiern kann", schmunzelte ich. Es war ein herrliches Fest inmitten meiner großen Familie. Meine Kinder haben es für mich ausgerichtet. „Mama, du brauchst gar nichts vorzubereiten. Es macht uns Spaß, wenn wir uns mal wieder alle sehen und gemeinsam feiern können." Das war für mich eine tolle Ansage, denn sonst bei Festen, Jubiläen und Geburtstagen überlege ich schon eine Woche vorher, wie ich die Feier ausrichten kann. Wir sind ja mit unseren fünf Kindern, Schwiegerkindern und siebzehn Enkeln eine Großfamilie geworden. Dieses Glück war schon vor meiner Heirat ein heimlicher Wunsch.

Das Besondere an diesem hohen Tag waren auch die vielen Grüße und Anrufe, die mich erreichten. So füllte die Post, die ich bekommen hatte, einen großen Schuhkarton.

Über einen Brief habe ich mich besonders gefreut. Er hat mich in Staunen versetzt. Von Martina Peters aus Heidelberg (der Name ist geändert) hatte ich über dreißig Jahre nichts gehört. Nach ihrem Abitur kam das Mädchen zum Studium nach Marburg. Sie wollte gern Ärztin werden. Aber die Trennung von zu Hause fiel ihr äußerst schwer. Sie war das einzige Kind einer wohlhabenden Geschäftsfamilie. Ihre Eltern hatten sich schon keine Hoffnung mehr auf Nachwuchs gemacht, da wurden sie doch noch mit einem Kind gesegnet. Mit viel Freude wurde das Baby erwartet und wuchs dann wohlbehütet auf. Bis zu ihrem Abitur schlief die Studentin im Schlafzimmer ihrer Eltern, so hat sie es mir selbst erzählt.

Besonders die Mutter war um ihren Liebling besorgt. Nun aber kam die Trennung von den Angehörigen. Die Eltern hatten ihr ein wunderschönes Appartement in der Universitätsstadt angemietet und mit neuen Möbeln ausgestattet. Es sollte Martina an nichts fehlen. Um ihre Einsamkeit zu überbrücken, blieb ihre Tante die ersten Wochen bei ihr. Aber nach einer gewissen Zeit wollte diese wieder nach Hause fahren und Martina blieb allein zurück. Es folgte für die Studentin eine Zeit mit viel Heimweh. Wie sehr sehnte sie sich nach ihrem Zuhause. Ein Pfarrer wurde zu Rate gezogen, der ihr riet, sie möchte doch hier in Marburg unter das Dach einer Familie ziehen, in der sie neue Beziehungen aufbauen könnte. Der Pfarrer kannte uns mit unserer reichen Kinderschar und schlug ihr vor, ihr schönes Appartement aufzugeben und bei uns ein Zimmer zu mieten. Da einer unserer Söhne für ein Jahr zum Studium nach Vancouver gezogen war, war für die Medizinstudentin gerade ein Zimmer frei.

Unsere lebhaften Kinder waren zunächst nicht begeistert von ihrer neuen Mitbewohnerin. „Mutti, wie kannst du nur eine so zarte Mimose bei uns harten Burschen aufnehmen? Martina wird sicher gleich wieder ihre Koffer packen und heimfahren. Das Mädchen hält unser bewegtes Leben mit viel Sport, Musik und Freunden nicht aus. Mutti, du hättest uns fragen müssen, ehe Martina zu uns kommt." Ich beschwichtigte meine Kinder und sagte nur: „Seid freundlich und nett zu dem Mädchen, das wird ihr guttun." Und so war es auch.

Heute, an meinem besonderen Geburtstag, erhielt ich Post von Martina. So schrieb sie mir:

„Liebe Frau Bormuth,
Sie werden diese Karte sicher erstaunt in den Händen halten. Ich weiß nicht, ob Sie sich noch an mich erinnern können. Ich habe von 1980 bis 1985 in Marburg studiert und hatte das große Glück, in dieser Zeit bei Ihnen wohnen zu dürfen. Ich erinnere mich noch gerne an diese Zeit. Es tat mir besonders gut, zu Ihnen ins Arbeitszimmer zu kommen und mit Ihnen beten zu können, wenn mich Angst und Probleme quälten. Als ich meiner Mutter (sie ist jetzt 86 Jahre alt) zu Weihnachten Ihre Biografie „Und doch lacht mir die Sonne" geschenkt habe, fiel uns auf, dass Sie gleich zu Jahresbeginn Ihren achtzigsten Geburtstag feiern dürfen. Dazu möchte ich Ihnen ganz herzlich gratulieren und Ihnen auch für die noch vor Ihnen liegenden Jahre viel Freude, Kraft, Gesundheit und vor allem Gottes Segen

wünschen. Möge er Ihnen schenken, dass Sie auch weiterhin durch Ihre Verkündigung und Ihre Bücher vielen Menschen zum Segen werden dürfen. Herzliche Grüße, Ihre Martina."

Natürlich erinnerte ich mich noch sehr gut an dieses junge Mädchen. Sie war überaus begabt und fleißig. Auf Partys zu gehen, war bei ihr nicht angesagt. Aber sehr gern ließ sie sich von unseren Kindern zum Jugendkreis mitnehmen, und so wuchs ihr Glaube und ihre Freude an Jesus. Was ihr aber entsetzliche Mühe machte, waren die vielen Prüfungen und Klausuren während des Semesters. So nahm sie gern meine Hilfe in Anspruch, kam zu mir und erzählte mir von ihren bedrückenden Aufgaben, die vor ihr lagen. Ich betete dann für sie. Ihre Ängste waren eigentlich unbegründet, denn diese Studentin war sehr klug und hatte auch tüchtig gelernt. Ich konnte sie aber gut verstehen, denn ich bin auch kein Prüfungstyp. Besonders beim Staatsexamen kam sie in schreckliche Not. Sie konnte nachts nicht schlafen und wartete voller Bangen auf den Tag, an dem die Ergebnisse bekannt gegeben wurden. Sie geriet in eine extreme Notsituation, als sich aus irgendeinem Grund der Termin verschob. Wahrscheinlich hing dies mit den Wetterverhältnissen zusammen, denn es gab Glatteis und das Auto mit den Unterlagen war im Stau auf der Autobahn stecken geblieben. Ich sah, wie sehr

Martina litt: „Nun kann ich wieder eine Nacht nicht schlafen. Meine Nerven halten das nicht länger aus. Ich bin fertig, total fertig. Frau Bormuth. Rufen Sie doch bitte für mich im Sekretariat an und fragen nach, ob die Ergebnisse des Staatsexamens nicht doch schon in Marburg gelandet sind."

Ich ließ mich dazu bewegen. Leider traf ich die Sekretärin am späten Abend nicht mehr im Büro an. Ich suchte lange im Telefonbuch, bis ich schließlich ihre Adresse fand. Zu allem Unglück wohnte sie nicht in Marburg, sondern in einem kleinen Dorf zehn Kilometer entfernt. Ich fragte sie, ob denn nun die Ergebnisse in der Universität schon angekommen seien. Sie bejahte dies, aber erst am nächsten Tag würden sie bekannt gegeben. Ich erzählte der Sekretärin von unserer sensiblen Studentin, die diese Spannung fast nicht mehr aushielt. Mehrere Nächte hätte sie vor Aufregung nicht mehr schlafen können. Ich bat sie: „Bitte, Frau Brandt, fahren Sie mit einem Taxi nach Marburg zur Uni. Ich bezahle Ihnen gerne die Fahrtkosten. Hier liegt ein Notfall vor."

„Frau Bormuth, Sie verlangen Unmögliches von mir. Ich bin froh, dass ich Feierabend habe und mich jetzt um meine Familie kümmern kann. Verstehen Sie das nicht?"

„Natürlich weiß ich das, und Sie merken ja auch an meiner Stimme, wie schwer es mir fällt, diese Bitte auszusprechen. Aber ich habe wirklich Angst um Martina Peters. Ihr Spannungsbogen scheint zu reißen. Sie zittert am ganzen Körper und ich fürchte, ich muss sie noch in die Klinik bringen. Ich will auch keine Noten wissen, sondern nur, ob sie ihr Examen bestanden hat."

„Na gut! Dann setze ich mich wieder ans Steuer meines Audis und fahre nach Marburg. Ich rufe Sie dann an."

Etwa zwanzig Minuten später klingelte das Telefon. Martina und unsere Familie standen vollzählig um den Apparat. Frau Brandt teilte der Studentin das befreiende Wort mit: „Bestanden!" Ein erlösender Aufschrei von Martina machte uns alle glücklich. Ein herzliches Dankeschön erreichte die Sekretärin. Wir alle freuten uns mit der Examenskandidatin. Am nächsten Morgen brachte Martina eine Schwarzwälder Torte an den Frühstückstisch und wir feierten alle zusammen ihre bestandene Prüfung. Mit Martina verband mich eine innige Wertschätzung, und es freut mich besonders, dass sie die vielen Gebete in ihrer Erinnerung behalten hat. Viele, viele Jahre sind darüber ins Land gegangen, aber die Fürbitte und die Ermutigung blieben in ihrem Gedächtnis haften. So war ihr Brief für mich ein außergewöhnliches Geburtstagsgeschenk.

Göttlicher Trost im Leid

Seit sieben Monaten hat Arthur mein Arbeitszimmer in Beschlag genommen. Er kommt aus einer Großstadt in Brasilien und wurde von der Regierung seines Heimatlandes wegen herausragender Leistungen als Stipendiat zum Studium nach Deutschland geschickt. Nun soll er aber zunächst in Marburg die deutsche Sprache lernen. In Nürnberg wird er dann an der Technischen Universität Ingenieurwesen studieren. Dringend suchte er ein Zimmer und klopfte auch an unsere Tür. So wurde er unser Gast.

Als Gastgeschenk brachte er uns eine portugiesische Bibel mit. Ich fragte ihn: „Arthur, bist du ein Christ?" Er bejahte dies. Wie sehr freute ich mich, als ich ihn zu unserem Gottesdienst in die Gemeinde mitnehmen konnte. Er fand sogar eine junge Missionarin, die sich auf eine Ausreise in sein Land vorbereitete, und konnte sich gleich zu Beginn seines Aufenthalts mit ihr unterhalten.

Wir erleben viel Schönes mit unserem Gast, und ich versuche ihm zu helfen, sich die deutsche Sprache anzueignen, was nicht so ganz leicht ist. Oft spreche ich mit ihm einen Satz in Englisch, den er versteht, und übersetze ihn dann ins Deutsche. Nach nur wenigen Wochen können wir uns schon recht gut verständigen. Arthur ist in seinem Wesen sehr taktvoll, freundlich und nett. Immer hat er ein Lächeln im Gesicht. An manchen Abenden sitzen wir zusammen und er erzählt uns viel über die Kultur in seinem Land. Die Weite in Brasilien können wir uns kaum vorstellen. Die Menschen dort sind für das Evangelium empfänglich und die Gottesdienste in den vielen Kirchen sind gut besucht. In manchen Gegenden ist sogar eine Erweckung ausgebrochen. Wie sehr wünschte ich mir hier in Deutschland eine solche Aufbruchstimmung für Jesus. Außer einer portugiesischen Bibel, die ich unserem Enkel Martin schenkte, der nach dem Abitur in Brasilien als Kurzzeitmissionar in einem Drogenzentrum arbeitete und dabei gut Portugiesisch gelernt hatte, schenkte Arthur mir noch von seiner Mutter herrlich duftendes Parfüm und Duschgel. Ab und an ließ er mir Grüße von seinen Eltern ausrichten.

Unser Student hat sich gut in Deutschland zurechtfinden können. Nur mit dem Essen in der Mensa hat er Schwierigkeiten. Die Bohnen fehlen ihm. So teilen wir uns meine Küche und unser Gast zaubert schmackhafte Köstlichkeiten auf den Tisch. Sogar Bonbons und Schokolade stellt er selbst her und lässt mich an seinen Kochkünsten Anteil nehmen. Unser Besucher ist uns ein guter Freund geworden, ja sogar zu einem Sohn, und ich freue mich über seine Wertschätzung, die er mir entgegenbringt.

Einmal wollte mir Arthur seine schmutzige Wäsche zum Waschen bringen und sah dabei mein verheultes Gesicht. Ich hatte gerade erfahren, dass unsere beiden Urenkelchen wenige Wochen vor dem Geburtstermin gestorben waren. Er stellte nur den Korb ins Bad und verschwand leise in seinem Zimmer. Nach einer Weile erschien er wieder und legte ein weißes Blatt Papier auf den Tisch. Wie groß war seine Anteilnahme an unserem Leid. In schöner Schrift hatte er mir zum Trost einige treffende Sätze verfasst. Sie lauteten:

So ist das Leben:
An- und Abreise,
Memoiren und Erinnerungen,
freudvolle Begegnungen und verpasste Gelegenheiten,
entsetzliche Verluste und unbeschreibliches Glück,
schweres Leid und überwältigende Freude,
neues Leben und plötzlicher Tod.
Möge Gott dir in deinem Schmerz beistehen
und dich trösten in deiner Not.
Herzliche Grüße
dein Arthur.

Welch mitfühlendes Beileid hat mir unser Freund in diesen traurigen Tagen zugesprochen. Dafür bin ich ihm dankbar.

Ein sauberes Gefühl

Bill Hybells ist ein hervorragender Prediger. Ich höre ihn besonders gern. Er ist Pastor der größten Kirche Chicagos und viele seiner Gottesdienste werden im Evangeliumsrundfunk übertragen. Sobald ich das Programmheft in der Hand halte, schaue ich es mir aufmerksam an und streiche mir die Gottesdienste von Willow Creek mit einem Rotstift an. Es macht mich immer traurig, wenn ich aus irgendeinem Grund diese Feiern verpassen muss. Seine Verkündigung ist humorvoll, mit vielen Alltagsbeispielen gewürzt und prägte sich tief in meine Gedanken ein. Sie verändert mein Verhalten als Christ und so wird mir dieser Prediger zum Vorbild. Kürzlich erzählte er ein Ereignis aus seinem eigenen Leben, das mich schmunzeln ließ. So berichtete er:

„Ich hatte aus einem schwerwiegenden Anlass an einem Morgen nicht frühstücken können. Gegen Mittag knurrte mir mein Magen mächtig. So ergeht es einem armen Schlucker wie mir, wenn man vor lauter Arbeit das Essen vergisst. Ich ging vor dem Gottesdienst in die Küche und wollte schnell ein paar Happen zu mir nehmen. Auf dem Tisch stand eine Flasche mit Olivenöl. Etwas davon schüttete ich in eine kleine Schüssel und tauchte mein Brot hinein. Aber es schmeckte scheußlich, als ich es gierig hinunterschluckte. Ich las noch einmal die Aufschrift der Flasche. Darauf stand wirklich Olivenöl. Wahrscheinlich war es wieder so ein neu eingeführtes Produkt aus dem Ausland, dachte ich bei mir. Aber die Flasche sah sehr schön und einzigartig aus. Also tunkte ich auch meine zweite Schnitte hinein. Ich musste mich schütteln, denn das Zeug schmeckte wirklich eklig. Am Abend erzählte ich meiner Frau davon. Sie lachte nur laut auf. ‚Aber Bill, das war gar kein Olivenöl. Weil mir die Flasche so gut gefiel, habe ich Spülmittel eingefüllt.'

Oh weh, und ich armer Kerl trinke das entsetzliche Zeug. Aber eine gute Seite hatte dies doch. Ich predigte meiner Gemeinde mit einem total sauberen inneren Gefühl. Alles klatschte laut in die Hände vor lauter Begeisterung."

Der kleine rosa Zettel

In einem Brief, der mich erreichte, fand ich diesen kleinen rosa Zettel. Dort las ich:

Worauf ich mich freue
Für immer bei Jesus, welch herrliches Wort.
Für immer bei Jesus, niemals von ihm fort.
Für immer dem Leid und den Sorgen fern.
Für immer sich freuen beim Anblick des Herrn.
Für immer in seinem Glanze stehn,
für immer und ewig nur Jesus sehn.
Das ist für immer für alle Zeit
unsere Freude und Wonne und Seligkeit.

Ich dachte so bei mir: Ja, das will ich mir jeden Tag vor Augen halten. Das Ziel meines Lebens ist es, einmal bei Jesus zu sein. Dieses Wissen kann an trüben Tagen meinen Alltag erhellen.

Ein Vopo mit Herz

Es war in der Zeit der DDR. Besonders schwierig war es, die dringend benötigten Medikamente zu beschaffen. Ein Vater litt großen Kummer mit seinem Sohn, denn sein kleiner Klaus war schwer erkrankt. Er kam kaum noch die Treppe hoch, so sehr keuchte er. Schlimme Luftnot machte ihm zu schaffen. In der Not betete der Vater zu Gott und bat ihn um Hilfe. So erfuhr er von einem Freund, dass in Annaberg, im Erzgebirge, ein sehr guter Arzt wohne. Er habe schon eine Reihe von schwerkranken Menschen behandelt und ihnen bei ihrer Herzkrankheit Hilfe verschafft. So fuhr er zu dieser Praxis.

Der Doktor untersuchte das Kind und stellte einen schweren Herzfehler fest. „Wenn der Junge nicht sofort dieses Herzmittel erhält, das ich ihm verordne, wird er den nächsten Monat nicht überleben", lautete seine Diagnose.

Da machte sich der Vater auf den Weg nach Hof in Bayern. Dort, im Westen, wollte er versuchen sich die Medizin zu beschaffen. In seiner Hutkrempe hatte er hundert DM versteckt und gehofft, sie blieben unentdeckt.

Zu Beginn der DDR war es noch nicht so gefährlich, in den Westen zu gelangen. Hof liegt ganz nahe an der Grenze zur damaligen sowjetischen Zone.

Aber das Glück war ihm nicht hold. Ein Grenzsoldat hatte ihn entdeckt, während er sich durch den Wald schleichen wollte, und stellte ihn zur Rede.

„Haben Sie etwas Verbotenes in Ihrer Kleidung versteckt?"

„Natürlich nicht", antwortete der Vater.

Aber der Vopo gab sich damit nicht zufrieden. Er durchsuchte den Rucksack und der Vater musste sich bis auf die Unterhose ausziehen. Als er dann seinen Hut abnahm, fiel der Hundertmarkschein zur Erde.

„Was ist das? Sie wissen doch, dass es verboten ist, Geld in den Westen zu schmuggeln."

„Bitte", bat ihn der Vater mit Tränen in den Augen, „nehmen Sie mir den Schein nicht weg. Ich muss in Hof dringend ein Medikament für mein schwerkrankes Kind holen. Bleibt mir dies versagt, dann wird mein Sohn nicht überleben. Schon in 14 Tagen kann er sterben. Lassen Sie mich nach Hof gehen, bitte! Ich bin doch der Vater des kranken Jungen."

Der Grenzsoldat drückte beide Augen zu. Er war selbst Vater von zwei Söhnen und so gab er dem Mann das Geld zurück und ließ ihn die Grenze passieren. In einer Apotheke im Westen erhielt der Vater das so dringend benötigte Medikament, auch wenn das Rezept nicht gültig war. Der Apotheker erkannte die Not dieses Mannes. Sicher brachte er die Medizin über die Grenze. Diesmal blieb er von den Grenzwächtern unentdeckt und erreichte sein Dorf im Osten. Das Kind hat überlebt und die Eltern konnten Gott nur danken, dass er ihre Gebete erhört hatte.

Ein Überfall

Was ich heute in der Zeitung gelesen habe, empört mich. In unserer Nähe, in Wohra bei Marburg, wurde in einer Nacht ein Asylbewerberheim überfallen. Zum Glück gab es keine Toten. Aber die seelischen Ängste und Verletzungen waren doch schwer. Eine junge werdende Mutter musste sogar in die Klinik gebracht werden. Aber ihr und dem Baby geht es Gott sei Dank wieder gut. Vor allem die Kinder gerieten in Panik. „Die Banden von Osama bin Laden überfallen uns. Jetzt kommen die Taliban zu uns!“, schrien sie laut. An Schlaf war natürlich danach nicht mehr zu denken. In dieser Gemeinschaftsunterkunft wohnen 50 Menschen, die aus verschiedenen bedrängten Ländern in Deutschland Zuflucht suchten. Was sie durch den Verlust ihrer Heimat an Leid, Entbehrung und Hunger ertragen mussten, schreit laut gen Himmel. Kriege schaffen immer viel Schreckliches. Dieser Übergriff in unserem friedlichen Land ist deshalb umso verwerflicher. Aufs Schärfste verurteilte unser Landrat diese Tat. Solch ein Geschehen kann nur unser Mitgefühl erwecken.

Es gelang der Polizeidirektion Marburg-Biedenkopf, vier Tatverdächtige zu ermitteln. Sie sind 18 beziehungsweise 19 Jahre alt. Nach langer, intensiver Befragung gaben sie schließlich den Überfall zu.

Als Grund für ihr bedrohliches Handeln führten sie an: „Wir haben in dieser Nacht viel zu viel gesoffen und hatten unsere Sinne nicht beieinander. Wir sind nicht rechtsradikal oder ausländerfeindlich." Dass diese Übeltäter so schnell ihrer verbrecherischen Tat überführt werden konnten, ist auch der vielfältigen Hilfe und Unterstützung der Bewohner von Wohra zu verdanken. So konnte die Festnahme nur wenige Stunden später erfolgen.

Alle vier jungen Männer stehen mitten in einer Berufsausbildung. Da die Beweise der Zeugen eindeutig waren, nützte ihnen ihr anfängliches Leugnen nichts. Sie räumten schließlich vor der Kripo die Tatbeteiligung ein.

„Gott aber liebt die Fremdlinge ganz besonders", so steht es in 5. Mose 10. Er will sie behüten. Und ist Jesus, der Gottessohn, während seiner Lebenszeit nicht auch ein Fremdling gewesen, von dem es heißt: „Er wusste nicht, wo er sein Haupt hinlegen sollte." Es ist uns vom Herrn im Himmel untersagt, Flüchtlingen Leid zuzufügen. Das ist wahrscheinlich eines der größten Wunder, dass wir nicht unser Leben lang Flüchtlinge bleiben müssen, sondern unter dem Kreuz von Golgatha zur Ruhe finden können. So habe ich Gott persönlich erlebt. Ich war selbst ein Flüchtlingskind, von Hunger, Gefahr, Not und Verachtung umwittert. Als Siebenjährige wurde ich aus Bessarabien, dem schönen, fruchtbaren Land am Schwarzen Meer, nach Deutschland verfrachtet.

Wir lebten eineinhalb Jahre in verschiedenen Lagern. Danach wurde meine Familie in Polen neu angesiedelt. Nach drei Jahren stand die russische Front dicht hinter uns. Wir hörten schon die nahenden Panzer und den Kanonendonner. Fluchtartig verließen wir unser Gut und flohen am 19. Januar 1945 gegen Mitternacht in die Fremde. Uns widerfuhr zwar auch Not, Leid und Entbehrung, und der Tod nahm uns unser Geschwisterchen, das kurz nach der Geburt verhungerte, aber Christen öffneten uns ihre Türen und gaben uns ein Dach über dem Kopf. Wir erfuhren ihre Liebe und tatkräftige Hilfe. Durch das einzigartige Zeugnis ihrer Güte und Hilfsbereitschaft wurde ich Christ.

So sang ich bei einer Veranstaltung, zu der sie mich eingeladen hatten, von ganzem Herzen dieses Lied: „Es ist das Kreuz von Golgatha Heimat für Heimatlose." Seit meinem fünfzehnten Lebensjahr weiß ich gewiss: Christus ist mein Versöhner und der beste Freund an meiner Seite.

So nehme ich auch gern Fremdlinge in unserem Hause auf und helfe ihnen. Auch meine Kinder wissen, wie sie mit Asylanten umgehen sollen. Einer meiner Söhne – er ist Pfarrer – erzählte mir, dass in seinem Ort 30 Männer aus Äthiopien in einem leer stehenden Hotel untergebracht worden sind. In einem Großmarkt kaufte er zwei große Körbe mit Lebensmitteln. An der Kasse sagte ihm die Chefin von tegut: „Herr Pfarrer, stecken Sie Ihre Geldtasche wieder ein. Die Lebensmittel sind ein Geschenk unseres Hauses."

Als Daniel uns mit seiner Familie an Weihnachten besuchte, erzählte er uns von diesen Flüchtlingen. Ich gab ihm Marmelade, Kuchen und viele Plätzchen für sie mit. Wie sehr haben sich diese jungen Männer über den Besuch des Pfarrers gefreut. Außerdem schlug er ihnen vor: „An einem Tag in der Woche lade ich Sie zu einem Fußballspiel ein. Im Winter in der Halle und im Sommer auf dem Sportplatz. Sicher erlauben Sie mir, dass ich Ihnen eine kurze Andacht aus dem Wort Gottes halte, mit Ihnen bete, und dann toben wir uns anschließend auf dem Fußballfeld aus. Die Trikots werden natürlich gesponsert." Große Freude und Begeisterung kam bei den jungen Männern auf. Sie sollen wissen: Die christliche Gemeinde nimmt sich ihrer an, so wie Christus uns angenommen hat.

Fast verführt

Eine chinesische Studentin – sie kommt aus Singapur – rief mich heute Morgen an: „Frau Bormuth, ich wohne in Bayreuth, habe aber im Augenblick Schwierigkeiten mit einem Restaurantbesitzer, bei dem ich in den Semesterferien jobbe. Ich brauche das Geld dringend, um mein Studium zu finanzieren. Immer wieder versuchte der Iraner, sich mir zu nähern. Aber ich bin auf einer Studentenfreizeit Christ geworden und weiß, dass diese Beziehung vor Gott nicht recht wäre. Der Mann ist verheiratet und hat fünf Kinder. Aber er setzt mich unter Druck. Vor vier Wochen kam er in meine Wohnung. Er müsse eine Planänderung mit mir besprechen. Mir war sein plötzlicher Besuch sehr unangenehm, und es dauerte auch nicht lange, bis er sich zu mir aufs Sofa setzte. Er wollte mich unbedingt an meinen Brüsten berühren. ‚Ich will nur versuchen, ob wir zusammenpassen‘, erklärte er mir. ‚Du bist so schön, und ich liebe dich!‘ Natürlich schmeichelte mir seine Redensart. Welche junge Frau ist nicht davon angetan, wenn ihr Komplimente entgegengebracht werden. Ich wehrte Ali ab, aber er wurde immer zudringlicher. ‚Nur einmal‘, überredete er mich. ‚Ich muss wissen, ob wir zusammenpassen.‘ Ich erlaubte ihm, meine Bluse aufzuknöpfen. Aber als er nicht von mir lassen wollte und ich ihn zurückstieß, wurde er ärgerlich und aggressiv. ‚Dann mache ich Schluss mit dir, Luzia.‘

‚Ja‘, gab ich ihm klar zu verstehen. ‚Jetzt ist Schluss für immer!‘ Daraufhin verließ er mein Appartement. Aber ich fühlte mich danach total unglücklich. Wie soll ich mich ihm gegenüber weiter verhalten? Er ist doch mein Chef.“

Ich machte Luzia Mut: „Nur Sie allein bestimmen, wie nahe Ihnen ein Mann kommen darf. Denken Sie an das Wort Jesu: ‚Wer eine Frau ansieht, ihrer zu begehren, der hat schon die Ehe mit ihr gebrochen.‘ Auch wenn der Iraner Ihr Chef ist, hat er nicht das Recht, Grenzen zu überschreiten. Sie lassen sich nicht mehr von ihm berühren. Er hat zu Hause eine Frau, und Sie dürfen ihn nicht zum Ehebruch verführen. Heben Sie sich Ihre Liebesfähigkeit und Intimität für den Menschen auf, den Gott einmal für Sie bestimmt hat. Es ist ein großes Geschenk, wenn wir reinen Herzens in die Ehe gehen können. Liebe muss nicht im Vornherein ausprobiert werden. Diese Erfahrung habe ich in meiner Beziehung zu meinem Mann gemacht. In diesem Jahr haben wir unseren 57. Hochzeitstag gefeiert. Wir sind in unserer Liebe reich gesegnet worden. Fünf Kinder wurden uns geboren. Die Wertschätzung füreinander ist uns in all den Jahren geblieben. Auch wenn Ali Ihr Chef ist, darf er Ihnen nicht die Würde und Reinheit rauben.

Sie müssen sicher ein gespanntes Verhältnis zu ihrem Chef erwarten. Es könnte aber auch sein, dass er Ihre Zurückhaltung ihm gegenüber lobend anerkennt. Aber ganz gleich, wie er sich zu Ihnen verhält, die Entscheidung liegt in Ihrer Hand. Halten Sie sich jeden Mann, der Sie ausnutzen will, drei Schritte vom Leib und warten Sie auf den Menschen, mit dem Gott Sie beglücken will. Die Ehe ist vor unserem Schöpfer heilig. Wenn dieser Iraner nicht von Ihnen ablässt, dann müssten Sie sich nach einem anderen Job umsehen. Ich bin sicher, dass unser Herr Christus Ihnen etwas Besseres bieten wird. Heute Abend schließe ich Sie in mein Abendgebet ein. Sie tun sich selbst den besten Dienst, wenn Sie im Gehorsam in Gottes Gebot leben. Ich danke Ihnen auch für Ihr Vertrauen. Der Herr segne Sie!"

Schicksale, die das Herz bewegen

Frau Martha Herdsch, die mir begegnete, gab mir kurze Einblicke in ihr Leben. Zum ersten Mal lernte ich sie kennen, als sie mit ihrem Gatten ins Freizeitheim Reudnitz bei Greitz kam. Dort hielt ich eine Freizeit für etwa 50 Teilnehmer. Morgens trafen wir uns zum Beten. Wir brachten viele Anliegen vor Gott und erlebten auch klare Hinwendungen zu Jesus Christus. Nach der Gebetsstunde durfte ich die Teilnehmer in den Reichtum des biblischen Wortes einführen. Dazu hatte ich verschiedene Texte des Alten und Neuen Testamentes für diese acht Tage ausgesucht. Am beeindruckendsten ist für mich die Gestalt des Hiob. Kein Mensch ist mir bisher begegnet, der so von Gott in Anfechtungen geführt wurde, wie er. Schreckliches hat er erlitten. Meine Teilnehmer waren von diesem leidenden Gottesmann bewegt. All sein Hab und Gut verlor er durch ein entsetzliches Unglück. Auch seine Kinder kamen alle ums Leben, als ein Sturm ihr Haus zusammenstürzen ließ. Schließlich erkrankte er noch an Aussatz, einer gefährlichen, unheilbaren Krankheit.

Zunächst aber war er reich an Ackerland, Vieh

und Kindern. Es wird berichtet, dass er 7000 Schafe, 3000 Kamele, 500 Joch Rinder und 500 Eselinnen besaß. Ein treues Gesinde versorgte seine Tiere und arbeitete für ihn auf den Feldern. Er gehörte zu den reichsten Männern des Landes und war bei der Bevölkerung hoch angesehen. Auf seine sieben Söhne und drei Töchter konnte er stolz sein. Oft betete er für seine Kinder. Wenn sie ein herrliches Fest in ihren Familien vorbereiteten und dazu die große Verwandtschaft und alle Freunde einluden, rief er Gott an und brachte sogar ein Brandopfer dar in dem Gedanken, seine Söhne könnten bei ihren lustvollen Feiern gesündigt und Gott in ihrem Herzen abgesagt haben. Ein echter gottesfürchtiger Vater war Hiob, der alle seine Kinder in der Gemeinschaft bei Gott halten wollte.

Solch ein ehrenwerter Mensch aber war für Satan ein Dorn im Auge, der alles daransetzen wollte, ihn vom Glauben abzubringen. So fragte er Gott: „Meinst du, dass Hiob dich umsonst ehrt und fürchtet? Du hast ihm viel anvertraut: ein schönes Haus, fruchtbare Äcker, dazu noch viel Vieh. Reich ist er. Es geht ihm und seiner kinderreichen Familie wunderbar. Mit seinen Söhnen und Töchtern kann er sich sehen lassen. Aber lass nur Leid über ihn kommen, dann wirst du erleben, wie schnell Hiob von dir abfällt."

Und dann geschah das kaum Vorstellbare. Mit aller Wucht brach Elend über den frommen Mann herein. Ein Bote eilte zu Hiob und berichtete vom Überfall auf sein Gesinde und auf seine Eselinnen. Feinde waren, während seine Knechte und Mägde ihre Arbeit taten, plötzlich aufgetaucht, hatten sie mit dem Schwert erschlagen und die Tiere weggeführt. Kaum hatte Hiob von diesem Übergriff gehört, da stürzte neues Unheil über ihn herein. Seine Schafe mitsamt den Hirten wurden von einem Blitzstrahl getroffen, außerdem stahlen die Chaldäer seine Kamele. Hiob hatte diese Nachricht noch nicht richtig begriffen, da erlitt er das Schlimmste, was einem Vater zustoßen kann. Seine Söhne und Töchter waren bei einem der Brüder eingeladen. Ein herrliches Festessen fand statt. Da zog plötzlich ein Unwetter auf. Das Haus stürzte ein und begrub alle Feiernden unter sich. Einer der Bediensteten war als Einziger von diesem Unglück verschont geblieben und überbrachte dem Vater die brutale Botschaft vom Tod seiner Kinder. Hiob war entsetzt. Er zerriss seine Kleider, raufte sich die Haare, fiel zu Boden und schrie zu Gott.

Mich hat diese Haltung Hiobs tief beeindruckt. Wie kann ein Mensch noch zu Gott beten, wenn ihm so viel Unheil begegnet? Seine Worte sind ergreifend: „Ich bin nackt von meiner Mutter Leib gekommen, nackt werde ich wieder dahinfahren. Der Herr hat's gegeben, der Herr hat's genommen. Der Name des Herrn sei gelobt." Obwohl dieser Gottesmann so verzweifelt war, versündigte er sich nicht an Gott. Über ein solch ehrfurchtsvolles Verhalten kann ich nur staunen.

Diese eindrucksvolle Bibelarbeit fiel bei einigen meiner Teilnehmer auf fruchtbaren Boden. Sie waren tief bewegt. Es ergaben sich hernach eine Reihe seelsorgerlicher Gespräche. So wollte auch ein Ehepaar mit mir reden.

Dem Mann sah ich es schon von Weitem an, dass er furchtbar betrübt war, und er erzählte mir auch sofort warum. Seit einigen Jahren leide er an einer fast unheilbaren Depression. Mehrere Ärzte hätte er schon aufgesucht. Immer neue Medikamente wären ihm verschrieben worden. Aber Hilfe hätten sie ihm nicht gebracht. So fragte mich das Ehepaar, ob ich nicht mit ihnen für Heilung beten könnte. Dabei wurde ich an die Worte aus Jakobus 5,14-15 erinnert: „Ist jemand unter euch krank, der rufe zu sich die Ältesten der Gemeinde, dass sie über ihm beten und ihn salben mit Öl in dem Namen des Herrn. Und das Gebet des Glaubens wird dem Kranken helfen, und der Herr wird ihn aufrichten; und wenn er Sünden getan hat, wird ihm vergeben werden." Ich sah mich bei diesem Leidenden in die Pflicht genommen. Nach einem kurzen Gespräch knieten wir nieder, falteten die Hände und riefen den Namen des Herrn an. Die Not des Mannes war riesengroß und wir hofften auf Gottes Eingreifen und Heilen. Aber zunächst änderte sich am Gesundheitszustand dieses Mannes nichts. Und doch gab das Ehepaar die Hoffnung nicht auf. Jedes Jahr, wenn ich die Bibelarbeit hielt, reisten sie für einen Tag ins Freizeitheim und wir nutzten diese Zeit zum Gebet. Ich habe nicht gezählt, wie viele Jahre darüber ins Land gegangen sind. Aber einmal begegnete mir dieser Mann mit einem fröhlichen Lachen. Ich konnte es selbst kaum fassen und war sehr erfreut. „Mir geht es gut", sagte er zu mir. „Die Depression habe ich mit Gottes Hilfe endlich überwunden." Noch einmal betete ich mit ihm und dankte Gott für seine wunderbare Heilung. Durch die vielen Gebete war auch zu seiner Frau ein freundschaftliches Verhältnis entstanden. Sie hatten beide die Wahrheit erlebt, die auch Hiob erfahren hat und bei der er in fröhlichem Jubel ausrufen konnte: „Ich weiß, dass mein Erlöser lebt!"

Dabei drückte mir seine Frau einen Briefumschlag in die Hand mit den Worten: „Ich habe Ihnen meine Lebensgeschichte aufgeschrieben. Vielleicht können Sie sie in einem Ihrer Bücher veröffentlichen." Ich lasse nun Frau Herdsch selbst zu Wort kommen:

Geboren bin ich am 1.8.1931 in Karolin, Bezirk Radom, in Polen. 1937 wurde ich mit einem Schwesterchen beglückt, und 1940 erblickte unser Nesthäkchen das Licht der Welt. Eingeschult wurde ich 1938.

Ich war fast noch ein Kind, als die Tragödie unserer Flucht begann. Zunächst aber verlebte ich eine wunderschöne Kindheit. Auf einem Bauernhof und im Kreis einer größeren Geschwisterschar bin ich aufgewachsen. Meine Eltern waren Christen und haben uns früh mit dem Wort der Bibel bekannt gemacht. Jeden Morgen hielt mein Vater eine Andacht. Außerdem wurde in unserer Familie viel gesungen. Oft kannte ich alle Strophen der Paul-Gerhard-Lieder auswendig. Welch einen Schatz haben mir meine Eltern mitgegeben.

Vater und Mutter waren überaus fleißig auf ihrem Gehöft. Auf unserem Gut standen Pferde, Kühe und Schweine im Stall. Besonders gern hörte ich das Krähen des Hahns, das Gackern der Hühner und das Schnattern der Enten und Gänse. Mitten im Dorf stand unser Bethaus. Dort versammelten wir uns sonntags zum Gottesdienst und oft unter der Woche auch zu Gebets- und Bibelstunden. Wir Kinder gingen regelmäßig in die Sonntagsschule. Meist kamen Älteste oder Diakone in unsere Gemeinde und betreuten uns. Einen Pfarrer hatten wir nicht. Es ist mir bis heute verwunderlich, dass wir einen Kantor hatten, der den Männerchor, den Posaunenchor, den Gemischten Chor und auch den Kinderchor leitete. So war in unserem Dorf die Musik beheimatet. Mir ist sie sehr zum Segen geworden. Ein Bürgermeister, ein Gendarm und ein Nachtwächter sorgten für ein gedeihliches und friedliches Miteinander in unserem Ort.

Aber plötzlich brach, wie der Reif in einer Frühlingsnacht, das Elend über uns herein. Im September 1939 begann der Krieg. Wir wurden in Polen von den Deutschen überfallen. Alle wehrpflichtigen Männer wurden eingezogen. Auch zwei meiner Brüder erhielten die Einberufung in den Kampf. Die schönen, klangvollen Chöre waren nun verwaist und lösten sich auf. Nur noch der Kinderchor existierte. Aber ich muss mich noch einmal zurückorientieren.

Der Einfall der Deutschen in unser Land hatte vieles verändert. Ein Jahr lang blieb die Schule geschlossen. 1941 erhielten wir dann eine deutsche Lehrerin. Am 22. Juni 1941 sagte Hitler auch Stalin den Kampf an. 1944 näherte sich die russische Front. In Ostpreußen brachen die ersten Flüchtlinge auf und fuhren durch unsere Dörfer. Am 20. Januar 1945 war es dann auch bei uns so weit. Wir mussten unsere Heimat verlassen. Deutsche Soldaten kamen auf unser Gehöft und forderten uns auf, den Ort zu räumen. Draußen herrschte heftiges Schneetreiben und die Temperaturen sanken auf minus 20 Grad. Die Straßen waren schlecht befahrbar und mit Schnee und Eis überdeckt. Rutschte ein Pferd aus und brach sich ein Bein, dann wurde es erschossen und blieb im Straßengraben liegen. Schrecklich war der Anblick der getöteten Tiere. Die meiste Zeit haben wir Kinder auf unserem Wagen zugebracht.

Die beiden Kleinen saßen immer auf dem Schoß unserer Mutter. Wir waren 12 Personen, auf zwei Fuhrwerke aufgeteilt. Die Versorgung unserer sechs Pferde machte meinem Vater große Mühe. Sie mussten unterwegs getränkt und gefüttert werden. Es war oft beschwerlich, Hafer und Heu zu besorgen. Unsere Knechte hatten schon viele Säcke mit Futter aufgeladen, aber je länger wir auf der Flucht waren, desto mehr ging der Hafer zur Neige. Meine ältere Schwester kutschierte das zweite Fuhrwerk, und mein Vater achtete immer genau darauf, dass wir auf unserem Weg nicht getrennt wurden. Einmal haben wir in einem verlassenen Gehöft übernachtet. Die Kühe haben im Stall mächtig gebrüllt. Sie hätten längst gemolken werden müssen. So machte sich meine Mutter schnell an die Arbeit und melkte die Tiere. Nun hatten wir auch Milch. Welch eine Wohltat war das für uns Kinder.

Endlich wurde unser Durst gestillt und wir durften trinken, so viel wir wollten. Mein Vater schleppte Heu aus der Scheune herbei und warf es dem Vieh in die Krippe.

Außerdem brachte er den Tieren Stroh. Im Stall kehrte Ruhe ein, denn das Brüllen hatte schlagartig aufgehört. Auch für uns richtete Vater ein Nachtlager aus weichem Heu ein. Die Wärme der Kühe und Pferde tat uns wohl. Noch nie in meinem Leben habe ich so gut geschlafen wie in diesem Stall. Wir waren aber auch alle schrecklich müde. Am nächsten Morgen machten wir uns schon früh wieder auf den Weg. Danach rasteten wir öfter in einem verlassenen Gehöft.

Meist waren die Ställe leer und unsere Pferde konnten Ruhe finden. Außerdem konnten wir alle unsere Kannen mit frischem Wasser auffüllen. Inzwischen war noch mehr Schnee gefallen. Unsere Wagen waren fast ganz zugeschneit. Vater holte aus der Scheune Heu und bereitete uns frische Sitzgelegenheiten auf dem Wagen.

Doch bald tat sich ein neues Problem auf. Unsere Lebensmittel gingen zur Neige und wir litten Hunger. Aber noch schlimmer war der Durst. Er wurde quälend.

Manchmal wurde es in der Nacht taghell, wenn an den Himmel sogenannte Christbäume gesetzt wurden. Amerikanische Flugzeuge warfen sie ab, um die Ziele für die Bombardierung zu kennzeichnen. Die Pferde wurden durch dieses Blitzen aufgeschreckt und ließen sich nur schwer lenken. Vater verband ihnen daraufhin die Augen und brachte sie so zur Ruhe. Nach etwa drei Wochen landeten wir in Lissa, einer Stadt in Polen. In einem kleinen Birkenwäldchen suchten wir Schutz, denn diese Stadt war von feindlichen Truppen eingekesselt und heftig bombardiert worden. Unter schrecklichen Mühen erreichten wir endlich die Oder-Neiße-Brücke. Es wimmelte nur so von deutschen Soldaten. Laut schrien sie: „Zurückbleiben! Die Brücke nicht mehr befahren! Sie wird gesprengt!" Mein Vater aber hörte nicht auf ihre brüllenden Befehle und trieb die Pferde mächtig an. Unsere beiden Trecks erreichten gerade noch das andere Ufer, als wir von einer gewaltigen Detonation erschreckt wurden. Die Brücke war wirklich in die Luft gejagt worden und unsere Fuhrwerke waren die letzten gewesen, die unbeschadet den Fluss überquert hatten. Noch einmal waren wir vom Unglück verschont geblieben und nicht in den russischen Kessel geraten. Tief atmeten wir auf und dankten Gott für die Rettung. Ich freute mich auch darüber, dass mein Vater so mutig gewesen war und nicht auf das Militär gehört hatte. Aber letztlich war es doch Gottes wunderbare Bewahrung.

Da wir nie in Schulen oder anderen Massenquartieren schliefen, sondern uns selbst bei Bauern Unterkunft besorgten, sind wir nie von Läusen und Flöhen gequält worden. Auch die Krätze, die so schrecklich juckte und den Nachtschlaf raubte, befiel uns nicht. Meine Eltern kannten die gefährliche Krankheit und wichen ihr aus.

An einem wunderschönen Frühlingstag kamen wir in Roldisleben bei Weimar an. Ich staunte über unsere Pferde, die viele Hundert Kilometer tapfer die Wagen durch Eis und Schnee gezogen hatten. Oft mussten wir auch auf Nebenstraßen ausweichen, weil die Hauptstraßen nur für das zurückflutende Militär freigegeben waren. Aber nun hatten wir unser Reiseziel erreicht. Hier wollten wir bleiben.

Am darauffolgenden Sonntag ging unsere Familie in den Gottesdienst. Wir brauchten die Nähe unseres Gottes, um ihm von Herzen für alle Fürsorge und Bewahrung zu danken. Am Schluss wurde abgekündigt, dass am nächsten Sonntag Konfirmation sei. Meine Eltern wollten mich auch gerne konfirmieren lassen, weil es ja ungewiss war, ob wir je in die alte Heimat zurückkommen würden und ich dann dort hätte konfirmiert werden können. Der Pfarrer bat mich zu sich und prüfte mich: Ich musste ihm einige Lieder, das Vaterunser und das Glaubensbekenntnis aufsagen. Viele Lieder waren mir ja bekannt: „Ein feste Burg ist unser Gott", „Ich bin getauft auf deinen Namen" und noch einige andere. Alle waren mir im Gedächtnis geblieben und ich konnte dem Geistlichen die Verse fehlerfrei vorsprechen. So wurde ich zusammen mit einem Jungen und drei Mädchen konfirmiert. Mein Konfirmationsspruch war mir für meinen neuen Lebensweg eine gute Motivation. Er lautete: „Wir sind nicht von denen, die da weichen und verdammt werden, sondern von denen, die da glauben und die Seele erretten" (Hebräer 10,39).

In meinen Eltern regte sich der Wunsch, auf schnellstem Wege wieder in unsere Heimat zurückzufahren. Das war jedoch unmöglich. Neue Besitzer wohnten nun auf unserem Gehöft. Es galt für uns, eine neue Existenzmöglichkeit zu schaffen. Durch die Bodenreform in der DDR war es möglich zu siedeln. Wir brauchten dringend Land, das uns und unsere Pferde ernährte. Sie waren nämlich das einzige Hab und Gut, was uns von unserer Landwirtschaft geblieben war. So wollten wir uns nicht von unseren treuen Pferden trennen.

In dieser so wichtigen Zeit wurde meine Mutter ernstlich krank. Ganz plötzlich verstarb sie. Wir standen an ihrem Grab, weinten bitterlich und warfen eine Nelke auf ihren Sarg. Wir drei Kinder blieben mit unserem Vater wie ein Häufchen Elend zurück. Nur durch unser Vertrauen zu Gott gelang es uns zu überleben. Aber die Verzweiflung über den Verlust war riesengroß. Wir waren wie gelähmt und brauchten einige Zeit, bis wir ihren Tod annehmen konnten. Aus dem Wort Gottes holten wir uns die Kraft und besuchten regelmäßig die Bibelstunden im nahe gelegenen Finneck. Es war allein die Güte Gottes, die uns durch das unermessliche Leid getragen hat. Meine Mutter war erst 59 Jahre alt.

Finneck war eine christliche Kinderheilstätte. Dort wurde ich auch als Diakonievorschülerin aufgenommen. Eine meiner Schwestern fand einen Platz als Hausgehilfin in einer Familie. Unser Nesthäkchen kam in das Kindererholungsheim Bad Suiza. Es war unheimlich traurig für mich, dass unsere Familie nach dem Tod der Mutter so auseinandergerissen wurde. Später hat mein Vater wieder geheiratet, aber erst nach zwei Jahren zogen wir zu ihm und fanden ein neues Zuhause. Wie oft war es in der Zeit, in der wir auf uns allein gestellt waren, dunkel um uns und in uns. Wir sahen lange keinen Ausweg aus unserer Betrübnis. Der Schicksalsschlag hatte uns schwer getroffen. Doch das Vertrauen zu Gott konnte uns nicht geraubt werden. Es gab uns Kraft.

Oberschwester Lotte und die Stationsschwester Margarethe förderten mich. Sie wollten mich zu einer tüchtigen Krankenschwester ausbilden und nahmen mich im Sophienheim als Lernschwester auf. Nach zwei Jahren legte ich dann das Staatsexamen mit einem sehr guten Zeugnis ab. Darüber war ich glücklich. Ich hatte mein Ziel erreicht und arbeitete weiter im Sophienheim, bis mich meine ältere Schwester bat, zu ihr nach Greiz zu kommen, weil sie dringend in ihrer kinderreichen Familie Unterstützung brauchte. Auch meine jüngste Schwester heiratete. Ihre drei Kinder wuchsen wie Orgelpfeifen heran, und aus diesem Grunde musste ich auch ihr helfen. Von da an war ich total ausgelastet.

Kurz darauf starb mein Vater und wir verloren in ihm den Halt, den er uns bisher geboten hatte. Nun galt es auf eigenen Füßen zu stehen. Ich war durch seinen Tod sehr niedergeschlagen, fast wie gelähmt. Mich hat in dieser Zeit der schwersten Anfechtung die Landeskirchliche Gemeinschaft in Greiz aufgefangen. Die Christen dort gaben mir Heimat, Trost und Glauben.

Mit sechzehn Jahren hatte ich mein Leben Christus übergeben. Meine Eltern hatten schon eine gute Spur für mich gelegt, da sie Jesus mit ganzer Hingabe nachfolgten. An Heirat habe ich eigentlich nie gedacht. Mich beschäftigte vielmehr der Einsatz im Reich Gottes. Aber 1969 lernte ich meinen Mann kennen. Er musste viel Geduld aufbringen und hatte einen langen Atem, bis er mich aus meinem Versteck herauslocken konnte. Oft erhielt ich Briefe, weil es keine Gelegenheit für ein Gespräch gab. Nach den Freundschaftsbriefen folgten Liebesbriefe. Meine Geschwister waren sehr erstaunt, als ich ihnen mitteilte, ich hätte einen Freund. 1970 folgte dann unser großer Tag, an dem wir heirateten. Unser Trauspruch lautete: „Ich aber und mein Haus wollen dem Herrn dienen." 15 Jahre führten wir eine glückliche Ehe. Aber dann wurde mein Mann plötzlich krank. Eine heftige Depression quälte ihn und sie dauerte mehrere Jahre an. Wir standen trotz allem eng zueinander, so wie wir es Gott am Traualtar versprochen hatten. In guten und in schlechten Zeiten wollten wir einander annehmen. Das Gebet half uns und mein Mann durfte wieder genesen. Gottes Güte half uns und wir können ihn nur mit Psalm 103 anbeten.

„Lobe den Herrn, meine Seele, und was in mir ist, seinen heiligen Namen.
Lobe den Herrn, meine Seele, und vergiss nicht, was er dir Gutes getan hat:
der dir alle deine Sünden vergibt und heilet alle deine Gebrechen,
der dein Leben vom Verderben erlöst, der dich krönet mit Gnade und Barmherzigkeit,
der deinen Mund fröhlich macht und du wieder jung wirst wie ein Adler!"

Andy, ein besonders liebevoller Mensch

Das Telefon klingelte. „Hier ist Andy Rucenius. Mir wurde von der Diakonie Ihre Adresse weitergegeben. Sie hätten für mich noch eine Wohnung frei. Aber ich weiß nicht, wie ich den Sperberweg in Cappel finden soll. Wahrscheinlich bin ich in den falschen Bus gestiegen."

„Andy, wo befinden Sie sich jetzt? Wie heißt die Straße? Warten Sie bitte da. Mein Mann holt Sie mit dem Auto ab."

„Ich befinde mich in der Bergstraße 43. Ich danke Ihnen. Damit mich Ihr Mann erkennt, sage ich Ihnen, dass ich schwarze Jeans trage und einen roten Anorak. Meine Mütze ist weiß."

Mein Mann fuhr gleich los und brachte Andy Rucenius zu seiner neuen Wohnung. Herzlich begrüßten wir uns und er sagte: „Oh, aber hier im Zimmer ist es wunderbar warm. Wie froh bin ich, dass Sie mir ein Dach über dem Kopf geben wollen. Die letzten Nächte habe ich unter dem Vordach eines Großmarktes geschlafen. Der September hat schon recht kalte Nächte, und der Winter kommt ganz bestimmt bald. Sie werden mich doch aufnehmen?"

Wie hätte ich diese Bitte abschlagen können. Andy war jedenfalls über seine neue Bleibe glücklich. „Kann ich denn jetzt schon hierbleiben?", fragte mich unser neuer Gast.

„Eigentlich wollten wir dieses Zimmer erst mal streichen", wandte ich ein.

„Ach, das ist nicht nötig", erwiderte er. „Ich habe vor einem halben Jahr die Wohnung meiner Mutter tapeziert. Ich übernehme die Renovierung. Das würde mir sogar Spaß machen. Dann kann ich mir auch die Farbe selbst aussuchen. Ein helles Gelb oder ein mattes Grün würden mir gefallen. Sie haben doch sicher nichts dagegen."

Ich gab ihm meine Zustimmung. Eine Stunde lang blieb Andy noch bei uns sitzen und erzählte mir seine Geschichte. In fast ganz Europa war er schon herumgekommen, und von Paris schwärmte er besonders. Das sei die schönste Stadt der Welt. Dort sei er in einem renommierten Hotel als Koch beschäftigt gewesen. Aber dann habe er einen Unfall erlitten und musste seinen Beruf aufgeben. Seine rechte Schulter war mehrfach gebrochen und er konnte keine schweren Kochtöpfe mehr heben. Dieser Unfall hatte ihn aus der Bahn geworfen. Seitdem ist er ein Bruder der Landstraße geworden und hat England, Italien, Spanien, die Schweiz und Frankreich kennengelernt. Ob seine Geschichten immer der Wahrheit entsprachen oder ob er auch einiges dazudichtete, vermag ich nicht zu sagen. Jedenfalls wollten wir versuchen, gut miteinander auszukommen. So richtete ich für Andy das Bett her, bezog die Kissen und die Steppdecke, legte ihm ein paar Handtücher ins Bad und stellte ihm Teller und Tassen zur Verfügung. Andy freute sich darüber.

Etwas erstaunt war ich, als etwa eine Woche später der Postbote für Herrn Rucenius einen größeren Packen Briefe bei uns ablieferte, die ich ihm aushändigen sollte. In der dritten Woche seines Aufenthaltes erlebte ich die nächste Überraschung. Einmal lieferte uns der Postbote zwei Pakete. Vier Tage später kam ein weiteres und sechs Tage später wiederum fünf Pakete. Auch der Hermesversand klingelte an unserer Tür: „Wohnt bei Ihnen Herr Rucenius? Ich habe eine größere Postsendung für ihn. Wo kann ich diese hinstellen?" Andy war, wie fast immer, nicht zu Hause, und so schaffte ich das anscheinend so wertvolle Postgut in den Flur. Aber als nach 14 Tagen gleich 17 Pakete abgegeben wurden, musste ich unbedingt mit seiner Betreuerin reden, denn ich machte mir Gedanken, wie er all diese Sendungen bezahlen wollte. Er lebte nämlich von der Grundsicherung und seine Miete wurde vom Sozialamt bezahlt.

Frau Lange war entsetzt. „Da muss ich sofort einen Riegel vorschieben, denn für seine Geldgeschäfte bin ich zuständig. Danke, dass Sie mich angerufen haben."

Das waren dann auch die letzten Päckchen und

Pakete, die bei uns ankamen. Auch unser Postbote atmete auf, denn es war für ihn immer beschwerlich, die oft riesigen Sendungen in unser Haus zu schleppen. Im Spaß sagte ich zu meinem Mann: „Hoffentlich kommen wir jetzt nicht in den Genuss von solchen Geschenken, da Andy ja jetzt nichts mehr auf seine Adresse anfordern kann." Fast konnte ich es nicht für wahr halten. An einem Abend stand ein Bote von Fleurop vor unserer Tür: „Wohnt hier Familie Bormuth?" Ich bejahte, und der junge Mann brachte mir einen wunderschönen Adventskranz und eine Schachtel Pralinen mit einem netten Schreiben ins Wohnzimmer. Darauf las ich:

„Ein Lichtlein brennt, Rucenius schenkt, bald ist Advent."

Mir war nicht wohl bei dieser Gabe. Der Kranz war sicher unheimlich teuer und die Lindpralinen nicht gerade billig. Wie sollte ich mich meinem Mieter gegenüber verhalten? Zunächst bedankte ich mich herzlich, bat ihn aber, mich nicht mehr mit solch teuren Geschenken zu bedenken.

„Aber ich bin doch so froh, dass ich bei Ihnen wohnen kann. Da muss ich mich erkenntlich zeigen. Schauen Sie meine Wohnung an. Habe ich mich nicht geschmackvoll eingerichtet? Es fehlt an nichts."

Ja, das stimmte. Andy hatte wirklich einen guten Geschmack. Aber wer sollte denn all die bisher angelieferten Regale, Bilder, Vasen und Deckchen bezahlen? Als Andy meinen etwas kritischen Blick sah, beruhigte er mich: „Frau Bormuth, Sie müssen sich um mich nicht ängstigen. Jetzt kommt bald der Dezember. Das ist mein bester Monat. Da beginnt für mich die ertragreichste Sitzkonferenz. Bis Weihnachten ist alles bezahlt."

Etwas erstaunt blickte ich ihn an. „Können Sie mir sagen, was eine Sitzkonferenz ist? Diesen Ausdruck habe ich noch nie gehört."

Darauf erwiderte er: „Ich fahre gerne in große Städte. Dann setze ich mich vor den Dom oder die Kirche und halte meinen Hut bittend in der Hand. Wenn dann die Touristen in ihren Bussen anreisen und die Gotteshäuser besichtigen wollen, kommen sie an mir vorbei. Mit einem freundlichen, aber doch wehmütigen Blick schaue ich zu ihnen auf. Dabei wandert so manches Scherflein in meinen Hut. Wenn ich am Abend meine Einnahmen zähle, sind es oft fast 85 oder 97 Euro. Manchmal bleiben auch einige Touristen bei mir stehen und fragen mich, was es noch Interessantes zu besichtigen gibt. So überbrücke ich die Einsamkeit mit einem Gespräch und erhalte noch Geld dafür. Ist das nicht toll?"

Ja, muss ich denken, diese Idee ist gar nicht so schlecht. Heute habe ich einen neuen Begriff gelernt: Sitzkonferenz. Im Augenblick ist unser Freund nach Köln gereist und sitzt vor dem Dom. So hatte er es mir erzählt. Dort sind die Besucher besonders spendenfreudig, und Betteln ist nicht verboten. Meist bleibt er eine Woche in einer Stadt und reist dann zur nächsten. Überall hat er seine Kumpels, bei denen er übernachten kann. So spart er das Geld für ein Hotel oder die Jugendherberge. Alles ist bei ihm gut geplant. Andy weiß, wie man sich durchs Leben schlägt.

Nun wohnt er schon ein halbes Jahr bei uns und wir verstehen uns gut. Sehen wir uns im Garten oder auf der Straße, dann halten wir ein kurzes Schwätzchen. Das gefällt uns beiden. Blumen und Pralinen muss er mir nicht mehr schenken, auch wenn seine Sitzkonferenzen ertragreich sind. Das habe ich so mit ihm vereinbart. Sobald er wieder von Köln oder Mainz zurückkommt, will er mich zu einer Tasse Kaffee einladen. Das lasse ich mir gern gefallen. Welch einen liebevollen, freundlichen und etwas skurrilen Menschen habe ich in ihm gefunden, und ich bin froh, dass wir uns bestens verstehen.

Aus dem Leben des Dwight L. Moody

Arm ging es im Elternhaus von Moody zu, und doch verlebte die Schar ihrer Kleinen eine glückliche Kindheit, weil Jesus der Mittelpunkt in ihrem Leben war. Geboren wurde Moody am 5. Februar 1837 in Northfield. In dieser frommen Familie herrschte puritanische Einfachheit. Von Beruf war der Vater Bauer und nebenbei auch Maurer. Aber schon früh riss ihn der Tod mitten beim Beten aus dem Leben. Die Angehörigen fanden ihn, als er vor Gott kniete und gerade seine Morgenandacht gehalten hatte. Für die Familie brach mit seinem Heimgang das Elend an. Neun Kinder und eine Menge Schulden waren ihnen zurückgeblieben. Die Mutter wurde in eine entsetzliche Notlage gebracht, aber sie schreckte davor nicht zurück, sondern versuchte die Not zu lindern. Sie war eine fromme, tapfere und vor allen Dingen fleißige Frau. Am Sonntag schickte sie ihre Kinder mit einem Vesperbrot zur Kirche. Erst fand am Vormittag der Gottesdienst statt, dann folgte am Nachmittag noch einmal eine Predigt, und dazwischen gingen sie alle gemeinsam in die Sonntagsschule. Nur im Winter konnte Dwight die Dorfschule besuchen. Außerdem hatte er sich bei einem Bauern Arbeit im Stall gesucht und versorgte das Vieh. Dafür durfte er sich auch an den Mittagstisch setzen. Aber das Essen war karg, und meistens gab es jeden Tag die gleiche Suppe. Nachdem einmal dieselbe Brotsuppe 19-mal hintereinander auf dem Tisch stand, ließ er seinen Teller stehen und lief nach Hause. Die Mutter schickte ihn stracks wieder zurück, nachdem sie ihn gefragt hatte, ob er denn davon hätte satt werden können. Er bejahte es und trat den Weg zum Bauern wieder an. Aber diese bescheidene Lebensart in seiner Jugend wurde Moody später zum Segen.

Als er siebzehn Jahre alt war, hörte und befolgte er den Ruf Jesu in seine Nachfolge. Es war sein Sonntagsschullehrer, der ihn eines Tages in Boston besuchte. Dort arbeitete er in einem Schuhgeschäft als Verkäufer. Er war gerade dabei, den Laden aufzuräumen. Freundlich legte ihm der Lehrer seine Hand auf die Schulter und fragte ihn, ob er nicht mit Jesus ernst machen wollte. Moody überlegte nicht lange und sagte: „Ja." Diesem einfachen, schlichten Bauernjungen war es ernst mit seiner Entscheidung für Christus. Staunenswert war es, dass ihm sein Chef erlaubte, sich mit einer Gruppe von jungen Männern im Laden abends zu treffen. Sie besprachen biblische Fragen und diskutierten Probleme der Politik. Er muss diesen tüchtigen Verkäufer sehr geliebt haben. Die Hauptthemen, die sie bewegten, waren die Frage der Erwählung, die Unterdrückung der Sklaven und die Überlegung, ob sich denn junge Christen am Sonntag mit Spielen die Zeit vertreiben durften. Dwight war in seiner Haltung sehr radikal. Einmal riss er zwei Teilnehmern aus der Diskussionsrunde ein Schachbrett aus der Hand und zerschmetterte es.

Gern wollte der junge Moody am Sonntag in der Sonntagsschule arbeiten. Aber sein Leiter verneinte diesen Wunsch mit der Begründung, es seien zu wenige Kinder in der Gruppe. Am nächsten Sonntag rückte Moody mit 18 barfüßigen, zerlumpten Jungen an. Er selbst hatte diese Schar von der Straße aufgesammelt. Mit einem Pony, das er sich gemietet hatte, war er durch das Elendsviertel geritten und hatte mal hier und mal da ein Kind aufgestöbert. Er nahm die Kleinen und setzte sie vor sich oder hinter sich in den Sattel auf dem Rücken seines Ponys. Andere Kinder liefen neben dem Pferd her, fassten es am Schwanz oder streichelten es. Als er in der Sonntagsschule erschien, blickte ihn sein Leiter misstrauisch an. Daraufhin sagte Moody: „Jeder dieser Lieblinge Gottes hat eine unsterbliche Seele."

Es dauerte nicht lange, bis Moody in dem verrufenen Viertel von Chicago eine eigene Sonntagsschule mit einer Reihe von treuen Helfern gründete. Lesen und Schreiben konnten diese Kinder nicht. So nützte es nichts, ihnen Traktate oder andere christliche Literatur zu geben. Aber ihr Leiter hatte eine bessere Idee. Er kaufte von seinem Gehalt Süßigkeiten und ging werbend durch die Straßen des Armenviertels.

Über die Kinder gewann er auch Kontakt zu den Eltern. Da er selbst nur eine geringe Schulbildung besaß, brauchte er sich in ihrer Mitte nicht zu schämen. Besonders freute er sich, dass einer seiner Helfer mit Namen Trudeau wunderbar singen konnte. Mit den herrlichen Evangeliumsliedern erreichte er viele Menschen. So wurde in den neu eingerichteten Versammlungen mehr gesungen als gepredigt, obwohl Moody ein total schlechter Sänger war. Der Bürgermeister dieses Stadtteils überließ Moody die Nordmarkthalle und bald erreichte er mehr als 80 Kinder. Auch eine Reihe von Mitarbeitern meldete sich zum Dienst.

Moody liebte seine Sonntagsschüler und gewann ihre Herzen. Sogar mit den wildesten Burschen kam er in einen guten Kontakt. Liebe und nochmals Liebe war sein Motto. So sagte er: „Wenn wir nur die Menschen fühlen lassen, dass wir sie lieb haben, wird es bald weniger leere Kirchen geben. Lasst uns in unserem Dienst für Jesus die Pflicht durch Liebe ersetzen, so wird die Welt bald evangelisiert sein. Sollen die Menschen richtig angeredet werden, so müssen sie mehr geliebt werden." Es ist erstaunlich, dass es Moody gelang, mit der Haltung grenzenloser Liebe in diesem verrufenen Viertel bald eine lebendige Gemeinde zu gründen.

Ein bedeutender Schritt, die Gemeinde zu fördern, gelang ihm, als er seinen Beruf aufgab und sich völlig der Missionsarbeit widmete. So sagte er:

„Das Geschäftsleben war mir zuwider. Ich hatte die Freuden einer anderen Welt geschmeckt und empfand kein Bedürfnis mehr, Geld anzuhäufen. Während der nun folgenden Zeit hatte ich den heftigsten Kampf meines Lebens auszufechten. Sollte ich das Geschäft aufgeben und mich ganz dem Dienst des Herrn widmen? Das war die Frage. Die Wahl, die ich traf, habe ich nie bereut." Alles, was er sich erspart hatte, brachte er im Dienst für Gott ein. Nachts schlief er auf den Bänken des CVJM-Heims, denn er konnte sich von nun an keine eigene Wohnung mehr leisten. Freunde schenkten ihm und seiner Familie später ein kleines Häuschen. Aber damit war die Not noch nicht gestillt.

Einmal sagte er zu seiner Frau: „Ich habe kein Geld, und du hast nichts zu essen. Es scheint mir, als habe mich mein Herrgott nicht mehr in seinem Dienst nötig. Wahrscheinlich will er mich wieder in den Laden stecken, dass ich Schuhe und Stiefel verkaufe."

Noch am gleichen Tag drückte ihm ein Gemeindeglied 50 Dollar für die Sonntagsschule und 50 Dollar für ihn persönlich in die Hand. Strahlend berichtete er seiner Frau: „Siehst du, dass der Herr uns noch nicht vergessen hat? Wir wollen wenigstens so lange mit unserer Arbeit für Jesus fortfahren, bis die 50 Dollar aufgebraucht sind." Das waren ermutigende Glaubenserfahrungen, und immer mehr wuchs er in den Reichtum der Heiligen Schrift hinein, sodass er ohne ein Theologiestudium und nur mit einer geringen Schulbildung zu einem bedeutenden Erweckungsprediger heranwuchs. Mit dem hochbegabten Sänger Sankey zog er Zehntausende in seine Verkündigung und gewann viele Menschen für Christus. In London erlebte er, dass für eine große Halle mit 15000 Sitzplätzen wegen Überfüllung Platzkarten ausgegeben werden mussten. Arme und Reiche, Gebildete und Ungebildete, Menschen in hochstehenden Berufen und Obdachlose, verkommene Gestalten und vornehme Damen und Herren gehörten zu seinen Besuchern. Der Premierminister von England und die Kronprinzessin ließen es sich nicht nehmen, seine Zuhörer zu sein. Die Vergnügungshallen, Spelunken und Zirkuszelte wurden immer leerer, während seine Säle überfüllt waren. Außerdem schenkte Gott es ihm, dass er zwei Schulen zur Ausbildung von Missionaren aufbauen konnte. Er finanzierte sie von den Spenden seiner Evangelisationen. „Wenn es zu arbeiten gilt, muss man jederzeit in voller Glut stehen", war sein Motto. Aber der Segen seiner Aufgabe bestand in seinem reichen Gebetsleben.

Ich schließe diesen Bericht mit seinem letzten Gebet am 22. Dezember 1899 auf seinem Sterbebett:

„Die Erde verschwindet – die Heimat öffnet sich – heut ist mein Krönungstag – nach diesem Tag habe ich seit Jahren ausgeschaut – ich bin bereit zu leben, wenn es dem Herrn gefällt – ich bin bereit zu sterben, wenn meine Zeit gekommen ist ..."

Philipp Nicolai – der Sänger des Trostes

Es war unsere schönste Zeit, die wir als junges Ehepaar in Bad Arolsen verlebten. Mein Mann hatte seine erste Stelle im Gymnasium angetreten. Bad Arolsen ist die Stadt herrlicher Alleen. Jeden Nachmittag packte ich meine beiden Lieblinge in den Kinderwagen und genoss die langen Spazierwege, umgeben von hohen Bäumen. Als unsere Kinder größer wurden, machte es ihnen einen Riesenspaß, mit ihrem Dreirädchen um die Wette zu fahren. Auf dem Nachhauseweg kamen wir immer am Schloss vorbei. Aber ich will nicht so viel von Bad Arolsen erzählen, sondern vom angrenzenden Ort Mengeringhausen, der später sogar eingemeindet wurde.

Für mich hat dieser nach Bad Arolsen eingemeindete Ort eine besondere Attraktion: seine stattliche Kirche mit dem hohen Turm. Berühmt wurde Mengeringhausen durch Philipp Nicolai, der am 10. August 1556 dort geboren wurde. Durch die Dichtung des Liedes „Wachet auf, ruft uns die Stimme" wurde sein Name berühmt. Ich weiß es auch noch sehr genau, dass während meiner Schulzeit immer zwei Lieder zum Reformationsfest gesungen wurden. Ich gehörte mit zum Chor und sang im Sopran. Neben diesem Lied von Philipp Nicolai hatten wir auch Luthers Trutzlied „Ein feste Burg ist unser Gott" eingeübt. Ich war immer eine begeisterte Sängerin und habe von der Sexta bis zum Abitur an den Chorstunden des Gymnasiums teilgenommen. Noch heute kann ich die drei Strophen von „Wachet auf, ruft uns die Stimme" auswendig.

„Wachet auf", ruft uns die Stimme
der Wächter sehr hoch auf der Zinne,
„wach auf, du Stadt Jerusalem!
Mitternacht heißt diese Stunde";
sie rufen uns mit hellem Munde:
„Wo seid ihr klugen Jungfrauen?
Wohlauf, der Bräut'gam kommt,
steht auf, die Lampen nehmt!
Halleluja! Macht euch bereit zu der Hochzeit;
ihr müsset ihm entgegengehn."

Zion hört die Wächter singen,
das Herz tut ihr vor Freude springen,
sie wachet und steht eilend auf.
Ihr Freund kommt vom Himmel prächtig,
von Gnaden stark, von Wahrheit mächtig,
ihr Licht wird hell, ihr Stern geht auf.
Nun komm, du werte Kron,
Herr Jesu, Gottes Sohn!
Hosianna! Wir folgen all zum Freudensaal
Und halten mit das Abendmahl.

Gloria sei dir gesungen
mit Menschen- und mit Engelzungen,
mit Harfen und mit Zimbeln schön.
Von zwölf Perlen sind die Tore
an deiner Stadt; wir stehn im Chore
der Engel hoch um deinen Thron.
Kein Aug hat je gespürt,
kein Ohr hat mehr gehört solche Freude.
Des jauchzen wir und singen dir
das Halleluja für und für.

Wenn dann in der letzten Strophe das Gloria ertönte, wurde es mir immer warm ums Herz. Die Ewigkeit leuchtete in mir auf, und wahrscheinlich rührt die Sehnsucht nach Gottes neuer Welt auch von diesem Erleben aus meiner Schulzeit her. Welch tiefes Verlangen muss auch Philipp Nicolai nach dem neuen Himmel und nach der Ewigkeit gehabt haben, dass er dieses Lied mit dem Jubel und dem Halleluja ausklingen ließ. Wer war dieser großartige Liederdichter, dem wir auch das schon so oft gesungene Lied verdanken „Wie schön leuchtet der Morgenstern". Einige Strophen will ich hier anführen:

Wie schön leuchtet der Morgenstern
voll Gnad und Wahrheit von dem Herrn,
die süße Wurzel Jesse.
Du Sohn Davids aus Jakobs Stamm,
mein König und mein Bräutigam,

hast mir mein Herz besessen;
lieblich, freundlich, schön und herrlich,
groß und ehrlich, reich an Gaben,
hoch und sehr prächtig erhaben.

Gieß sehr tief in das Herz hinein,
du leuchtend Kleinod, edler Stein,
mir deiner Liebe Flamme,
dass ich, o Herr, ein Gliedmaß bleib
an deinem auserwählten Leib,
ein Zweig an deinem Stamme.
Nach dir wallt mir mein Gemüte,
ewge Güte, bis es findet dich,
des Liebe mich entzündet.

Von Gott kommt mir ein Freudenschein,
wenn du mich mit den Augen dein
gar freundlich tust anblicken.
Herr Jesu, du mein trautes Gut,
dein Wort, dein Geist, dein Leib und Blut
mich innerlich erquicken.
Nimm mich freundlich in dein Arme,
und erbarme dich in Gnaden;
auf dein Wort komm ich geladen.

Wie bin ich doch so herzlich froh,
dass mein Schatz ist das A und O,
der Anfang und das Ende.
Er wird mich doch zu seinem Preis

aufnehmen in das Paradeis;
des klopf ich in die Hände.
Amen, Amen,
komm, du schöne Freudenkrone,
bleib nicht lange;
deiner wart ich mit Verlangen.

Diese Strophen nehmen mein Innerstes in den Jubel
mit Gott hinein, weil sie von einer tiefen Verbunden-
heit des Sängers mit seinem Herrn Christus zeugen.
Inniger und tiefer können die Hingabe und Liebe an
Jesus gar nicht in Worten ausgedrückt werden. Die
Lieder erhalten auch deshalb eine solche Leuchtkraft
und Stärke, weil sie in notvoller Zeit entstanden sind.

Mit dem Dreißigjährigen Krieg brach ein schrecklicher Feuersturm los. Aber auch die Auseinandersetzungen zwischen den Anhängern Luthers und
den Schülern Calvins haben der Reformation stark
geschadet. Zudem war die zweite Hälfte dieses Jahr-
hunderts von gewaltigen Katastrophen geplagt. Seu-
chen wie die Pest, Missernten und Raubzüge plün-
dernder Heere erschütterten die deutschen Lande.
Aber diese Elendsjahre trugen nicht zur Einigung
der Lutheraner und Calvinisten bei, sondern vertief-
ten noch die Gegensätze. Es war eine leidvolle Zeit,
in die Philipp Nicolai hineingeboren wurde.

Schon sein Vater hatte unter diesen Streitereien
zu leiden. Er war Pfarrer in Westfalen, wurde aber
aus seinem Amt in Herdecke an der Ruhr verjagt.

So hätte für seinen begabten Sohn kein leuchtender Stern am Himmel gestanden, wenn sich nicht der Graf von Waldeck für den Pfarrerssohn eingesetzt hätte. Er sorgte dafür, dass Philipp Nicolai in Kassel, Hildesheim, Dortmund und Mühlhausen eine hervorragende Schulbildung erhielt. Nach dem Abschluss am Gymnasium studierte er in Erfurt und Wittenberg Theologie. Seine erste Pfarrstelle war Herdecke, die sein Vater sicher nicht in guter Erinnerung behalten hatte. Auch dem Sohn erging es nicht anders. Auch er durfte nicht lange in Herdecke auf der Kanzel stehen. Daraufhin führte ihn sein Weg nach Köln an die „heimliche evangelische Gemeinde". Dort wurde er Hofprediger.

1587 holte ihn dann die Gräfin Margarethe von Waldeck nach Wildungen. Er sollte ihren Sohn erziehen. Aber auch in dieser Zeit in Hessen wurden ihm Steine in den Weg gelegt. So verweigerte ihm die Universität in Marburg die Promotion. Erst vier Jahre später wurde ihm von der Universität in Wittenberg der Doktortitel verliehen. Er nahm dann eine Pfarrstelle in Unna an. Auch hier war er nicht auf Rosen gebettet. In dieser Stadt protestierten die aus Holland eingewanderten Reformierten gegen den „harten Lutheraner". Nicolai hatte in Waldeck die Einführung der Konkordienformel durchgesetzt. Das ist eine Schrift, die das lutherische Bekenntnis zusammenfasste, und zugleich eine Streitschrift gegen die Reformierten.

Diese Auseinandersetzungen wurden von einer höheren Macht entschieden, denn in Unna brach die Pest aus, und als Erster starb der zweite Pfarrer mit seiner Haushälterin. Im ersten Monat mussten schon über 300 Menschen zu Grabe getragen werden. Insgesamt hauchten über 1300 Bürger in dieser kleinen Stadt ihr Leben aus. Aber Philipp Nicolai ließ sich von dieser Seuche nicht entmutigen. Viele Menschen hatten Angst, ihre Häuser zu verlassen, um ja nicht angesteckt zu werden. Er aber zog oft allein und unerschrocken vor dem Pestkarren zur Beerdigung. Zuweilen musste er an einem Tag zwanzig bis dreißig Leichen der Erde übergeben. Es war schrecklich, und über dem Friedhof breitete sich ein bestialischer und übler Geruch des Todes aus.

Trost und Hoffnung holte er sich durch sein inniges Beten mit Gott. Außerdem wandte er Vorbeugungsmittel gegen die Pest an. Er konnte sagen: „Durch Gottes Gnade bin ich noch ganz gesund, wenngleich ich von Pesthäusern umgeben bin und schon fast die meiste Zeit auf dem Gottesacker zubringe." Er blieb furchtlos, obgleich ihn täglich der Tod umgab.

Eine Hilfe in dieser notvollen Zeit war seine ständige Verbindung mit seinem himmlischen Vater. So konnte er sagen: „Christo lebe ich, Christo sterbe ich; lebe oder sterbe ich, so bin ich Christi, des Gnade mich beschattet."

Die schweren Anfechtungen brachten die tröstenden Lieder der Hoffnung hervor: „Wachet auf, ruft uns die Stimme" und „Wie schön leuchtet der Morgenstern" sind in dieser Zeit entstanden. Er selbst fand Hilfe und neue Zuversicht in ihnen, obwohl er unter der Bedrohung des Todes lebte. In der Einleitung zu seinem Liedband, den er „Freudenspiegel des ewigen Lebens" nannte, schrieb er: „Ich ließ den hohen Artikel vom ewigen Leben Tag und Nacht in meinem Herzen wallen und durchforschte die Schrift, was sie hiervon zeugte, las auch die Schriften des alten Lehrers Augustin. Ein Christ soll in Zeiten bedenken, mit was fröhlichen Worten er zur Stunde des Todes seinen seligen Abschied von der Welt nehmen und gen Himmel fahren wolle. Ich denke ihm oft nach und kommt mir nicht wenig vor, wie herzlich sich eine Braut erfreut, wenn sie ihrem lieben Bräutigam soll zugeführt werden, wie Kinder sich hoch erfreuen, wenn sie aus fremden Landen kommen und der hohen Türme Spitzen und Mauern ihres vielgeliebten Vaterlandes von Ferne wieder zuerst ansichtig werden."

Er war schon 44 Jahre, als er die Witwe seines Amtsbruders heiratete. Die Stadt Hamburg berief ihn dann an die Katharinenkirche. Dort schenkte ihm Gott als Frucht eines erfüllten Lebens noch die Trostschrift mit dem Titel „Schau des ewigen Lebens". Am 26. Oktober 1608 holte ihn Gott heim in sein ewiges Reich.

Gottes Signale im Leben
von Werner Uhlig

Heute kam ich von einer Rüstzeit zurück, die ich in
Aue im Erzgebirge halten durfte, und brachte wunderbare Erinnerungen an diese Zeit mit nach Hause. Dort befindet sich ein Diakonissenmutterhaus.
Werner Uhlig hatte mich an einem Nachmittag mit
einer kleinen Broschüre überrascht, die er selbst verfasst hat. Die Ereignisse, die er als junger Mensch
im Zweiten Weltkrieg und in den vier Jahren in der
Kriegsgefangenschaft erlebt hat, haben seine Jugend
schwer belastet. Er musste sich diese oft so bedrückenden Erfahrungen von der Seele schreiben. An
einem Nachmittag saßen wir bei einer Tasse Kaffee und Kuchen zusammen, und er zeigte mir seine
Aufzeichnungen. Gleichzeitig sprachen wir auch darüber, dass ich diese Erinnerungen überarbeiten und
neu in einem meiner Bücher herausgeben könnte.
Er war damit einverstanden. Im Rückblick auf die
schwerste Zeit seines Lebens flossen ihm immer wieder Tränen über die Wangen, und manchmal war
auch ich so bewegt von seinem Erleben, dass ich mir
das Nass aus den Augen wischen musste. Sein Anliegen ist es, den Wahnsinn des Kriegsgeschehens deut-
lich zu machen, gleichzeitig aber auch über Gottes

unglaubliche Liebe und Gnade zu staunen und zu berichten. Dafür wollte er seinem Herrn danken. Leicht waren seine Wege nicht, und oft waren ihm Gottes Führungen unbegreiflich. Doch im Rückblick darf er sagen: „Gott hat mich in bedrängender Not und Gefahr nicht aus den Augen gelassen und mich bewahrt." So heißt sein Lebensmotto: „Der Herr führt mich auf rechter Straße um seines Namens willen" (Psalm 23,2).

Nun lasse ich Werner Uhlig selbst zu Wort kommen:
Geboren wurde ich am 16.7.1926 in Chemnitz, im Ortsteil Klaffenbach. Dort lebe ich noch heute, zusammen mit meiner lieben Frau Irene. Sie ist ein wunderbares Geschenk und hilft mir immer wieder neu, das Leben zu begreifen. Gerade jetzt, da ich durch Parkinson – eine langwierige und notvolle Erkrankung – geschwächt bin und außerdem durch einen Schlaganfall gelähmt wurde, pflegt sie mich aufopferungsvoll. In Grüna habe ich eine Lehre in einer Konditorei angefangen. Doch dann wurde meine Ausbildungszeit jäh unterbrochen. An einem besonderen Tag, dem 24. August 1943, erhielt ich einen Einschreibebrief. Darin stand, ich müsse mich am 28. August in der Bahnhofstraße in Chemnitz einfinden. Ich durfte also keine Prüfung mehr absolvieren.
Wir waren etwa 250 junge Männer. Nachdem unsere Namen aufgerufen worden waren, ertön-

te Marschmusik und in Dreierreihen marschierten wir direkt zum Bahnhof. Dort stand schon ein Sonderzug bereit, und dann ertönte das Kommando: „Alle einsteigen!" Die Fahrt ging Richtung Dresden, Bad Schandau und dann über die Grenze in die Tschechoslowakei. Wir kamen im Dunkeln dort an. In Budweis wurden wir zu Fuß bis zu einem Barackenlager vom Reichsarbeitsdienst gebracht. Feierlich empfing uns die Musik einer Kapelle. Aber schon bald wehte ein anderer Wind. Das merkten wir gleich nach der Einkleidung. Wir erhielten Unterwäsche und wurden in eine Uniform und in Stiefel gesteckt. Jetzt waren Gehorsam und Drill angesagt und wir durchliefen eine vormilitärische Ausbildung.

Das erste Lied, das ich lernte, lautete:

„25 Pfennig ist der Reinverdienst,
ein jeder muss zum Arbeitsdienst
und dann zum Militär."

Danach durften wir im November für ein paar Tage nach Hause fahren. Aber meine Freude, bei Vater und Mutter zu sein, wurde jäh unterbrochen. Schon nach wenigen Tagen wurde ich in Leipzig am 30.11.1943 zum Arbeitsdienst in die Nordkaserne einberufen. Mich erwartete zunächst eine wichtige Belehrung. Anschließend wurden wir mit einem Laufzettel zu verschiedenen Stellen geschickt. Man übergab uns neue Uniformen und nun war ich der Soldat Uhlig. Verschiedene Ärzte untersuchten uns und wir erhielten unsere erste Impfung. Schon früh am nächsten Morgen erschall von unserem Unteroffizier der erste Pfiff. Sein Kommando lautete: „Kompanie aufstehen, heraustreten zum Frühsport." Für das Frühstück war nur eine begrenzte Zeit angesetzt, dann ertönte wieder ein Kommando: „Kompanie raustreten und fertigmachen zum Dienst!"

Meinen ersten Fliegeralarm erlebte ich in der Nacht vom 3. zum 4. Dezember 1943. Plötzlich heulte die Sirene auf. Sofort verließen wir unsere Betten und eilten in den Luftschutzkeller. Zum Glück wurde unsere Stadt verschont und schon kurz darauf kam die Entwarnung. Die feindlichen Flieger waren nur über uns hinweggeflogen, hatten aber ihre Bomben nicht abgeworfen. Noch blieb alles ruhig. Aber nur wenige Tage später schreckten uns heftige Detonationen auf, die aus der Innenstadt kamen. Viele Bomben wurden abgeworfen. Schon ganz früh morgens wurden wir in verschiedene Trupps eingeteilt und rückten zum Katastropheneinsatz aus. In der Innenstadt lag alles in Schutt und Asche und wir entdeckten viele Tote und Verletzte. Die Schreie der Männer, Frauen und Kinder gellten durch diesen trüben Tag, an dem es nicht so richtig hell werden wollte. Zusammenstürzende Mauern und brennende Dachstühle bildeten für uns als Rettungsmannschaft immer wieder eine große

Gefahr. Aus den Häusern schlugen noch immer helle Flammen. Die Feuerwehr war total überfordert. Unter dem Hauptbahnhof waren riesige Räume zu Luftschutzkellern ausgebaut worden. Dort hinein flüchteten viele Menschen. Sie waren verzweifelt, weinten und schrien in solch schrecklicher Todesnot. Mindestens 44 000 Wohnungen und große Teile der Industrieanlagen sowie zwei Messehallen waren niedergebrannt. Nur 16 Minuten hatte dieser schwere Luftangriff der Engländer gedauert, der die Stadt in ein schreckliches Chaos verwandelt hatte. 400 britische Bomber hatten in mehreren Wellen angegriffen und Luftminen, Spreng- und Brandbomben abgeworfen. Drei Tage danach brannte die Stadt noch immer. Mehr als 1800 Männer, Frauen und Kinder wurden getötet, 140 000 Menschen verloren ihr Hab und Gut und wurden obdachlos. Eine Schneise von drei Kilometer Breite und fünf Kilometer Länge zog durch das ganze Stadtzentrum. Über 4000 Gebäude wurden durch diesen Bombenterror zerstört. Darunter 56 Schulen, mehrere Krankenhäuser, 9 Kirchen, mehrere Theater, das Bildermuseum und das Hauptgebäude der Universität. Auch das Rathaus lag in Trümmern. Leipzig ist ja die Stadt der Literatur. Aber nun waren Buchhandlungen, Verlage, Druckereien und fünfzig Millionen Bücher durch die Flammen vernichtet worden. Noch nie zuvor in der Geschichte war diese Messestadt so schwer getroffen worden.

Nach den Aufräumarbeiten hieß es plötzlich, sich auf einen Einsatz an der Front vorzubereiten. Mit Waffen und Munition ausgerüstet, wurden wir kampfeinsatzfähig gemacht. Ich wurde an der MG 42 ausgebildet. Mit der Bahn rollten wir gen Osten. Noch vor Weihnachten erreichten wir einen Truppenübungsplatz in Jedlni, bei Radom in Polen. Dort erlebte ich auch mein erstes Weihnachtsfest in der Fremde. Glücklich war ich darüber nicht, denn der Alkohol floss in Strömen. Es wurde auch viel geraucht und getrunken. So blieb es nicht aus, dass eine Menge wirres Zeug und auch obszöne Witze erzählt wurden. Heute macht es mich traurig, dass ich damals die christlichen Weihnachtslieder und das Evangelium von der Geburt Jesu noch nicht einmal vermisst habe.

Danach begann unsere Gefechtsausbildung im Gelände und wir lernten das Schießen mit scharfer Munition. Dabei passierte es mitunter, dass bei Unfällen einige Kameraden verletzt wurden. Oft fühlte ich mich stark überfordert. Schon Ende Februar 1944 wurden wir in die Ukraine zum Fronteinsatz verlegt. Wie würde es mir ergehen? Im Raum Tarnopol war eine russische Einheit durchgebrochen und hatte einen Brückenkopf gebildet. Unsere Kompanie quartierte sich in einem Bauernhaus ein. Aber an Schlaf war nicht zu denken, denn mitten in der Nacht brachte ein Melder vom Battaillonskommandeur die Nachricht: „Befehl zum Angriff!" Es war die Nacht vom 14. zum 15. März 1944. Uns wurde befohlen, eine russische Einheit zu vernichten. Ausgerüstet waren wir mit Handgranaten, weiterer Munition und einer Sanitätstasche. Was würde jetzt auf uns zukommen? Eine große Stille machte sich breit und jeder ließ seine Gedanken nach Hause wandern.

Werden wir unsere Lieben wiedersehen? Schnell schickte ich meiner Mutter noch ein letztes Foto von mir. Aber dann erschallte schon das Kommando: „Fertig machen zum Abmarsch!"

Schweigend marschierten wir in den nahenden Morgen. An der Front wurde ich mit einem Spähtrupp in das feindliche Gebiet vorgeschickt. Wir sollten vor allen Dingen melden, wenn wir den Feind entdeckten, der uns in den Rücken fallen könnte, denn der Frontabschnitt war mit vielen Partisanen durchsetzt.

In einem russischen Dorf bemerkten wir, wie plötzlich ein kleines Mädchen aus einem Bauernhaus herauslief und zu einem anderen Gehöft rannte. „Schieß doch, schieß doch!", schrie mir der Zugführer zu, der für uns junge Soldaten die Verantwortung trug. Das Kind hatte uns beobachtet und hätte uns an die Partisanen verraten können. Es wäre normalerweise meine Pflicht gewesen, diese Gefahr abzuwehren und sofort zu schießen. Aber ich vermochte es nicht, gezielt das Gewehr auf dieses Kind zu richten. Heute weiß ich, dass Gott mich davor bewahrt hat, denn wie hätte ich das kleine Mädchen töten können, wo es uns doch nicht bedroht hatte. Außerdem war es ja noch ein Kind. Vom Zugführer wurde ich mit lautstarken Worten zur Rede gestellt. Ich hätte durchaus eine Disziplinarstrafe erwarten müssen. Er warnte mich mit ganzem Ernst, dass ich nie wieder so handeln dürfe. Durch mein leichtsinniges Verhalten hätte unser Spähtrupp in eine Falle geraten können. Aber dieses Mal waren wir alle noch mit einem blauen Auge davongekommen. Noch heute, mit 87 Jahren, plagt mich mein Gewissen, wenn ich an dieses Mädchen denke. Es war ein so schönes Kind, und fast hätte ich ihm das Leben genommen. Darüber wäre ich nie wieder froh geworden. Heute sind mir Jesu Worte aus dem Vaterunser überaus wichtig: „Und führe uns nicht in Versuchung, sondern erlöse uns von dem Bösen."

Wir zogen weiter ostwärts. An einem Waldrand wurde ein Soldat nach dem andern etwa alle zehn Meter voneinander entfernt in die Ausgangsstellung eingewiesen. Unsere Artillerie begann die vermutete russische Stellung zu beschießen. Dazu mussten wir zunächst einen Hang überwinden, hinter dem sich der Feind gut getarnt eingegraben hatte. Am Morgen gegen neun Uhr wurden wir in ein heftiges Gefecht verwickelt. Die Russen schossen aus allen Rohren: Gewehrsalven, Maschinengewehrgarben und Granatwerfer. In meiner MG hatte sich der Munitionsgurt mit 300 Schuss verklemmt. Um den Schaden zu beheben, musste ich mich mit dem Oberkörper etwas aufrichten, um eine Klappe zu öffnen. Ein russischer Soldat hatte mich wohl dabei gesehen und schoss sofort auf mich. Mein linker Arm war plötzlich ohne Gefühl. Blut quoll aus meiner Brust. Unser Unteroffizier lag neben mir. Ihm konnte ich noch mitteilen, dass mein linker Arm angeschossen worden war. Es blieb keine Zeit zum Jammern. Wir lagen unter ständigem Beschuss vor der feindlichen Kampflinie. Der Unteroffizier rief mir noch zu: „Bleib liegen, ich muss weiter vorwärts." Doch plötzlich, als er sich etwas erheben wollte, ging eine MG-Garbe durch seinen Oberkörper. Ich hörte nur noch ein kurzes Röcheln. Still und leblos lag er neben mir. Eine laute, verzagte Stimme rief: „Ihr feigen Hunde, ihr lasst uns verbluten!" Doch die Kameraden konnten es nicht hören. Viele lagen schwer verwundet oder tot vor der russischen Kampflinie. Bald merkte ich auch in meinem Rücken starke Schmerzen. Nach einiger Zeit rief nochmals eine laute Stimme: „Alle Verwundeten schnell zurück. Der Sturm steht bevor!" So kroch ich mit zwei Kameraden und mit letzter Kraft in einer Ackerfurche zurück. Wir erreichten einen Graben. Dort trafen wir auf unsere Offiziere, die die Kampfhandlungen mit Ferngläsern beobachteten. Mit einem Sanitätsauto brachte man uns zu einem Verbandsplatz. Die verdreckten Uniformen wurden uns am Leib aufgeschnitten. Ein Sanitäter sagte: „Du hast einen Durchschuss der linken Schulter und eine Geschosswunde am Kreuzbein."

Danach wurde ich bewusstlos. Am Abend lagen wir auf Tragen in einer großen Halle, einer neben dem andern. Von Krankenschwestern wurden wir zur Notoperation vorbereitet. Als ich wieder erwachte, teilte man mir mit, dass ich in Lemberg in einem Behelfslazarett sei. Im gleichen Zimmer lagen auch verwundete russische Soldaten. Sie wurden ebenso behandelt und verpflegt wie wir. Erst mussten wir aufeinander schießen und jetzt lagen wir nebeneinander auf Feldbetten. Krieg ist etwas Furchtbares. Nach einigen Tagen wurde ein Lazarettzug zusammengestellt. Als alles verladen war, rollte der Zug quer durch Deutschland Richtung Heimat. Dies war nach all dem Erlebten und trotz vieler Schmerzen ein wohliges Gefühl. In verschiedenen Städten wurden immer einige Verwundete ausgeladen. Die letzte Station im Lazarettzug war Laasphe an der Lahn, mein Ziel. Am Bahnhof begrüßten mich Schwestern vom Roten Kreuz freundlich und nahmen mich in Empfang. Ich wurde in das Reservelazarett gefahren. Eine frühere Schule war dazu hergerichtet worden. Zuerst ging es ins Bad. Anschließend standen weiß bezogene Betten bereit. Ich war mit meinen 17 Jahren der Jüngste im Lazarett. Die Schwestern betreuten uns gut. Mit Krankenwagen wurden wir nach Marburg zur Operation gefahren. Leider war meine OP ohne Erfolg. Der Geschosssplitter im Kreuzbein konnte nicht entfernt werden. Trotzdem verheilten die Wunden erstaunlich schnell und gut. Oftmals wurde ich bei den Untersuchungen gefragt: „Soldat Uhlig, wie geht es Ihnen?" Eines Tages bekam ich die Nachricht: „Sie werden zur Genesungskompanie nach Brunn verlegt." Zuvor bekam ich einige Tage Urlaub und konnte nach Hause fahren. Am 20. April 1944 vermutete man einen Aufstand vonseiten der Tschechen. Ich musste schon wieder mit meiner MG an einem bestimmten Platz Stellung beziehen. Es war mir, wie es in Psalm 118,5 steht: „In der Angst rief ich den Herrn an, und der Herr erhörte mich." Gott sei Dank, es blieb alles ruhig. Am Abend brachte ein Melder die Nachricht: „MG-Stellung abbauen, mit Begleitschutz in die Kaserne einrücken!" Leider dauerte meine Genesungszeit nicht sehr lange. Ich musste im August 1944 wieder zurück zu meiner Truppe nach Polen. Dort stand ich erneut als Wachposten im Schützengraben.

Im Herbst 1944 gab das Oberkommando folgenden Befehl: „Schützengräben für den kommenden Winter vorbereiten." Das war für uns junge Kerle eine harte Arbeit. Dabei passierte ein Unglück, das ich mit ansehen musste. Einer meiner Kameraden, der sich in einer Ruhepause auf einen Stamm gesetzt und sich eine Zigarette angezündet hatte, wurde plötzlich von einem feindlichen Geschoss getroffen. Er erlitt einen Brustdurchschuss und verstarb noch am gleichen Abend. Diese leidvolle Erfahrung hat mich zutiefst erschüttert, denn wir waren inzwischen in unserer Kompanie zu einer Familie zusammengewachsen. Der Bunkerbau war eine harte Arbeit. Ich fühlte mich schwach und war völlig erschöpft. Ich bekam hohes Fieber. So wurde ich mit einem Panjewagen zu einem Verbandsplatz gebracht. Ein Stabsarzt untersuchte mich und stellte fest, dass ich unter Gelbsucht litt. Daraufhin brachte mich ein Sanitätsfahrzeug nach Tomaschow ins Lazarett. Welch eine Wohltat erfuhr ich hier. Ich konnte mich endlich wieder waschen und in einem Feldbett schlafen. Ich hatte gehofft, dass ich mit einem Lazarettzug über Weihnachten für ein paar Tage nach Hause fahren konnte, denn ich fühlte mich bald schon wieder besser. Aber nach einer nochmaligen Untersuchung wurde ich wieder zum Einsatz an die Front geschickt. So musste ich das schönste Fest des Jahres im Schützengraben verbringen. Über die hohen Verluste, die wir hinnehmen mussten, war ich tief betroffen. Der frühe Tod meiner Kameraden erschütterte mich bis ins Herz. Noch immer sind diese dramatischen Kriegsereignisse tief in mir verankert. Bei der letzten Nachtwache standen wir mit zwei Mann im Schützengraben. Nach zwei Stunden wurden wir abgelöst und durften für zwei Stunden schlafen. So ging es viele Nächte hindurch. Der kalte Winter im Osten zehrte an unseren Kräften. Es war in der Nacht vom 11. zum 12. Januar. Zunächst gab es keine besonderen Ereignisse, und unser Dienst verlief sehr ruhig. Wir trugen wetterfeste Tarnjacken und Filzstiefel. Es lag zwar noch kein Schnee, aber die Temperaturen wiesen Minusgrade auf. Der Boden war schon gefroren. Plötzlich vernahmen wir das laute Geräusch von Panzern und schweren Fahrzeugen. Uns erreichte der Befehl vom Kompaniechef, dass wir uns um 0 Uhr mit allen Waffen und Geräten am Gefechtsstand einfinden sollten. Der gesamte Kampfabschnitt musste geräumt werden. Wir verluden Munition, Waffen und alle Gerätschaften auf kleine Karren, vor die man Pferde spannte, und marschierten fast lautlos durch die Nacht. Uns war befohlen worden, dass wir die Nachhut übernehmen und die rückwärts fahrenden Fahrzeuge sichern sollten. Mir schwante nichts Gutes, denn die Nachhut war meistens ein Todeskommando. Es herrschte ein entsetzliches Chaos. Die Artillerie hatte die Pferde von ihren Geschützen ausgespannt, und die Tiere liefen überall frei im Gelände herum. Die russischen Soldaten waren uns bedrohlich nahe gekommen, und wir mussten die ersten Verwundeten versorgen. Aus allen Richtungen wurden wir vom Feind angegriffen und dabei versprengt. Den Anschluss an unseren Haupttruppenteil hatten wir längst verloren. Aus allen Himmelsrichtungen wurden wir beschossen und merkten, dass wir in einen Kessel geraten waren. Wir irrten in dieser Gegend hin und her und fanden keinen Ausweg. Unsere Lage war hoffnungslos.

Am 16. Januar 1944 wurden wir von einer feindlichen Patrouille mit einem Feuerüberfall und dem Zuruf: „Rucki wersch!" überrascht und gefangen genommen. Würde ich die kommende Zeit überleben? Ich war der Verzweiflung nahe. Ein Kamerad mit einem Kopfverband wurde direkt neben mir erschossen. Alles, was wir noch besaßen, wie Uhren und Ringe, wurde uns abgenommen. Uns wurde befohlen, dass wir uns im Schneidersitz auf den kalten Boden setzen sollten, die Hände im Nacken verschränkt. Die russischen Soldaten gingen brutal mit uns um. Sie schlugen uns, versetzten uns Fußtritte, folterten uns regelrecht und quälten uns. Einige von uns wurden zum Verhör abgeführt. Mit einem Lastwagen brachten sie uns nach Radom ins Stadtgefängnis. Uns plagte der Hunger und vor allem der Durst. Zwei Tage und zwei Nächte mussten wir hier ausharren. In der Ecke unserer Zelle stand ein Blechkübel, der aber nicht geleert wurde. Es stank schrecklich in diesem engen Knast. Erst nach drei Tagen wurde unsere Tür geöffnet. In Dreierreihen stellten wir uns im Gefängnishof auf. Tief atmeten wir durch und waren erleichtert, die frische Luft in unseren Lungen zu verspüren. Jeder erhielt einen Kanten russischen Hartbrotes und etwas Schmalzfleisch. Endlich bekamen wir auch etwas Wasser in Blechbüchsen zu trinken.

Mit einem großen Begleitkommando begann dann am vierten Tag der Abmarsch der Gefangenen. Wir wussten nicht, wohin wir nun gebracht wurden, aber an einer Weggabelung lasen wir „Pulawy 70 Kilometer". Es folgte also ein endloser Marsch. Unterwegs wollten uns einige polnische Frauen Wasser zum Trinken geben. Aber das wurde ihnen verwehrt, und man schüttete das kostbare Wasser vor unseren Augen aus. Am Wegrand entdeckten wir einen zugefrorenen Teich mit einem eisfreien Loch. Dort durften wir uns niederknien und Wasser schlürfen, wie die Tiere. Zu Essen bekamen wir nichts. Wir waren total ausgemergelt. Wer nicht mehr die nötige Kraft zum Weitermarsch aufbrachte, wurde ans Ende der Kolonne verfrachtet. Diese Kameraden sahen wir nie wieder. Sind sie wohl erschossen worden? Ich weiß es nicht.

Am Nachmittag erreichten wir eine verlassene Feldscheune. Die folgende Nacht verbrachten wir in Heu und Stroh. Endlich durften wir uns bis zum nächsten Morgen ausruhen. Aber die Frage quälte uns: Was wird mit uns geschehen? Werden wir unsere Heimat je wiedersehen oder müssen wir in fremder Erde sterben? Mit solch grüblerischen und niederdrückenden Gedanken begann ein neuer Tag mit schlimmen Strapazen. Marschieren, immer weitermarschieren, bis wir Pulawy erreichten. In dieser Stadt erwartete uns ein riesiges Lager für ehemalige russische Kriegsgefangene. Das Tor stand noch offen, und in der Lagerküche befand sich in den Kesseln noch abgestandene kalte Suppe. Wer vor lauter Hunger ein paar Löffel voll davon schlürfte, blieb von Krankheiten nicht verschont. In diesem Lager plagten uns ganz besonders unliebsame Gäste, nämlich Läuse. Unser Nachtschlaf wurde uns dadurch total geraubt. Doch Mitte März änderte sich unsere Situation. Ein größeres Wachkommando traf ein und wir mussten uns vor dem Lagertor in Fünferreihen aufstellen. Dann wurde der Abmarsch befohlen. Noch immer wussten wir nicht, was uns bevorstand. Pulawy ist eine kleine polnische Stadt mit einem Bahnhof. Die Fahrt, die nun vor uns lag, dauerte viele Stunden. Ab und zu wurde ein Aufenthalt eingelegt, und wir bekamen Wasser und Hartbrot. Aber nicht alle Kameraden überlebten diesen langen Transport. Aus diesem Grund wurden bei längeren Aufenthalten Kontrollen durchgeführt. Die Toten trugen wir aus dem Waggon.

Wir waren froh, als wir endlich in Riga, auf einem Abstellgleis, aussteigen durften. Nun waren wir in ein neues Kriegsgefangenenlager gekommen, das aus vielen Baracken bestand. Die Räume waren groß, und hier gab es auch Waschgelegenheiten. Zum Schlafen hatten wir Doppelstockpritschen, aber ohne Kopfteil. Auch Strohsäcke und Decken waren nicht vorhanden. Früh am Morgen mussten wir uns zum Zählappell aufstellen. Hier ging es menschlicher zu als vorher in Pulawy. Dreimal täglich erhielten wir Suppe und einen Kanten Brot. Einige der Kameraden wurden in Arbeitskommandos eingeteilt. Leider hatten wir hier viele Tote zu beklagen. Als Essgefäße dienten uns leere Konservenbüchsen, die ein LKW anlieferte. Im gleichen

Lager waren auch Krankenbaracken eingerichtet. Eine russische Ärztin und ein gefangener Krankenpfleger versahen hier ihren Dienst. Dieser war ein Diakon, der in Moritzburg ausgebildet worden war. Sein Name war Hans Dieter Alpermann, und er hat vielen Kranken wohlgetan. Solch ein einsatzbereiter Mensch ist nicht mit Gold zu bezahlen. Auch Lagerpfarrer Kurt Hasel möchte ich erwähnen. Für viele niedergeschlagene Männer wurde er zum Seelsorger und Mutmacher. Ihm hatte der Lagerkommandant sogar ein Sprechzimmer eingerichtet. Im Leben vieler Kriegsgefangenen hinterließ er Segensspuren. In seinem Dienstzimmer trafen wir uns zum Bibellesen und zum Gebet. Immer mehr deutsche Gefangene wurden in dieses Lager eingewiesen.

Eines Tages wurde ich mit etwa 30 weiteren Gefangenen einem dortigen Holzkommando zugeteilt. Morgens brachte uns ein LKW etwa 10 Kilometer weit in den Wald. Dort mussten wir Bäume fällen. Ein Stapel von Holzscheiten, etwa einen Meter hoch und drei Meter lang, musste jeden Tag geschafft werden. Am Abend wurde unsere Arbeit genau nachgemessen. Täglich erhielten wir morgens und abends dreihundert Gramm trockenen Brots und einen halben Liter Suppe. Natürlich waren wir durch die schlechte Verpflegung sehr geschwächt.

Was mir Kraft gab, dieses Elend zu ertragen, waren die Gedanken an meine liebe Mutter. Sie war eine treue Christin. Für uns fünf Kinder hatte sie enorm viel geleistet und uns immer liebevoll umsorgt. Meinen Vater hatte ich schon mit zehn Jahren verloren. Aber das Glaubensvorbild meiner Mutter machte mir in diesem Lager viel Mut. Täglich las sie Gottes Wort und betete. Sie wusste damals nicht, ob ich noch lebte oder in Kriegsgefangenschaft geraten war. Mein Bruder Paul und mein Schwager Martin waren im Krieg gefallen. Wie viele Ängste muss sie wohl um mich durchgestanden haben, denn es war uns nicht möglich, einen Gruß nach Hause zu schicken. Als junger Mensch hatte ich meiner Mutter viel Kummer bereitet. Ich war ihr nicht immer ein braver und gehorsamer Sohn gewesen. Heute tut mir mein früheres Verhalten leid. Ich bin nur froh, doch noch Jesus als meinen Erlöser und Herrn in mein Leben aufgenommen zu haben. So darf ich wissen, dass Christus mir meine Schuld vergibt, denn am Kreuz auf Golgatha starb er auch für mich und tilgte meine Sünde.

Aber ich will auf meine Aufgabe im Wald zurückkommen. Hatten wir unsere Norm erfüllt, dann waren wir froh. Wir warteten auf unseren Lastwagen, der uns zurück ins Lager bringen sollte, wo wir unsere Mahlzeit in Empfang nehmen durften.

Ein Erlebnis habe ich in besonderer Erinnerung behalten. Meine Kameraden waren am Abend schon alle abgeholt worden, ich aber – so hatte mir der Wachposten befohlen – sollte auf dem Holzlagerplatz auf den nächsten LKW warten. Ich saß in meiner abgetragenen, russischen Uniform hungrig, müde, zusammengekauert und bekümmert auf einem Baumstamm. Das Heimweh setzte mir hart zu. Plötzlich hörte ich ein Geräusch. Ein Pferdefuhrwerk kam auf einem Waldweg angerattert. Zu meinem Erstaunen hielt der Fahrer an und winkte mir zu. Ich eilte zu ihm. Im Wagen lag eine Decke. Der Kutscher hob sie hoch und mit einer Geste machte er mir klar, ich sollte das Stück Speck und das Brot zu mir nehmen. Diese Lebensmittel hatte er unter der Decke verborgen gehalten. Ich konnte das Wunder nicht fassen und griff eilig zu. Dann zog das Pferd wieder an, und mir blieb nur ein kurzer Gruß als Dank. Mit diesem wunderbaren Erlebnis war mit einem Schlag alle Traurigkeit in Freude verwandelt worden. Ich bedankte mich herzlich bei Gott und habe diese herrliche Hilfsaktion bis heute nicht mehr vergessen. So wunderbar hat der Vater im Himmel für mich gesorgt. Ein Bauer aus Riga hatte einem deutschen Gefangenen unendlich wohlgetan.

Sonntags war arbeitsfrei, mich aber plagten entsetzliche Zahnschmerzen. An diesem Tag war eine Werkzeugkontrolle angesagt. In langen Reihen standen wir mit unseren Sägen und Äxten auf dem Hof. Ich hatte meine Pelzmütze aufgesetzt, weil ich hoffte, die Wärme würde mir die Schmerzen nehmen. Das Wachkommando sah mich an und ließ mich ins Büro rufen. Der Offizier sprach deutsch und wollte wissen, warum ich im Sommer die Pelzmütze aufgesetzt hätte. Ich konnte ihm nur antworten, dass mich Zahnschmerzen plagten. Damit war das Gespräch beendet. Nach einiger Zeit musste ich noch einmal vor dem Offizier erscheinen. Er ließ mich wissen, dass er morgen mit dem LKW nach Riga fahren müsse. Er könne mich dann zum Lagerzahnarzt mitnehmen. Es war für mich wie ein Wunder, dass er mich dann am nächsten Tag nicht gleich ins Gefangenenlager zum Zahnarzt mitnahm, sondern mich nach Riga zu seinen Eltern brachte. Ich sollte ein paar Tage bei ihnen bleiben und Brennholz spalten. Als deutscher Kriegsgefangener wurde ich in dieser Familie freundlich aufgenommen. Ihre Liebe tat mir wohl, und ich vergaß meine Zahnschmerzen. Nach einigen Tagen holte er mich wieder ab und brachte mich zum Zahnarzt. Da die Behandlung ein paar Tage in Anspruch nahm, durfte ich bis zu seiner nächsten Verpflegungsfahrt in Riga bleiben. Mir ging es dabei sehr gut, weil mir viel freie Zeit blieb und ich mich von den Quälereien beim Baumfällen erholen konnte. Diese Erfahrung erinnerte mich an das Psalmwort: „Gelobt sei der Herr täglich; er legt uns eine Last auf, aber er hilft uns auch" (Psalm 68,20).

Und noch ein Wunder begleitete mich. Ich war mit einem kleinen Außenkommando nach Tukum verlegt worden, etwa 70 Kilometer von Riga entfernt. Das Gefangenenlager bestand aus einem alten verlassenen Bauernhaus, das mit Stacheldraht eingezäunt war. Wir hatten den Auftrag, im Wald Bäume zu fällen. Ich war als Sanitäter eingeteilt und brauchte nicht täglich zu dieser Arbeit auszurücken, dafür aber war ich eingesetzt, die Räume sauber zu halten, für unser Kommando die Wäsche zu waschen und die Sauna zu heizen. Es war Winter und es lag hoher Schnee. Ein ganzes Stück vom Lager entfernt führte eine Straße vorbei. Ein russisches Fahrzeug hatte Verpflegung geladen und war durch die Schneeverwehungen von der Fahrbahn abgekommen und umgekippt. Nachdem der Schaden behoben und alles wieder verladen war, hatte ein Hund beim Vorbeiflitzen ein Paket amerikanischen Erbsenkonzentrats aufgespürt und streifte damit durch die Gegend. Auf meinen Ruf brachte er es an den Stacheldraht und ließ es liegen. Mit einem Stecken konnte ich es zu mir ziehen und hatte somit für zwei Tage ein Essen zusätzlich. Es geschah so ähnlich wie bei dem Propheten Elia, der von Raben mit Brot und Fleisch versorgt wurde.

Die Zeit in Riga ging ihrem Ende entgegen. Im Herbst 1946 gehörte ich zu einer Gruppe Gefangener, die zur Erntearbeit eingesetzt wurde. Es ging uns recht erträglich, aber dass wir wie Sklaven behandelt wurden, machte uns rechtlos. Wir fühlten uns sehr gedemütigt. Eines Tages fuhren einige LKWs vor. Ein Offizier und ein Wachkommando stiegen aus. Sie begannen damit, einzelne Namen aus Listen vorzulesen, die dann in die Lastwagen steigen mussten.

Auch mein Name wurde verlesen. Wir mussten uns im Hauptlager in Riga abmelden und danach wurden wir zum Bahnhof gefahren. Ein Sonderzug mit vergitterten Güterwagen wartete schon auf uns. Das Zugbegleitkommando übernahm uns und dann folgte eine Fahrt über mehrere Tage. Wir konnten durch die Fenster nicht erkennen, wohin unsere Reise ging. Als wir endlich aussteigen durften, lasen wir ein Schild: Donezk. Dies war ein großes Industriegebiet mit vielen Steinkohleschächten und Anlagen, in denen die Steinkohle zu Koks verarbeitet wurde. Unser Gefangenenlager war in Katyefka, mit einigen Außenkommandos. Mich teilten sie zum Arbeiten im Steinbruch ein. Schon am frühen Morgen ging es los. Um halb sechs gingen wir am Küchenschalter vorbei und erhielten einen halben Liter Suppe und dreihundert Gramm trockenen Brotes. Bis zum Abend musste diese Verpflegung reichen. Ein LKW holte uns vom Lager ab und brachte uns zur Arbeitsstelle. Mit drei weiteren Kameraden arbeitete ich als Bohrer. Täglich wurde von uns verlangt, dass wir im Abstand von drei Metern ein Loch von 1,15 Meter Tiefe bohren mussten. Maschinen wurden uns nicht zur Verfügung gestellt. Mit den bloßen Händen verbrachten wir diese Schwerstarbeit, denn das Gestein war äußerst hart. In diese Löcher wurde von unserem Aufseher Dynamit gelegt. Nachdem alle den Steinbruch verlassen hatten, erfolgte die Sprengung. Im Dezember wurde das Wetter sehr kalt. Beim Bohren musste ich immer an der gleichen Stelle stehen. Meine Füße waren wie Eis. Die Sohlen der russischen Filzstiefel waren recht dünn. Ich fror mächtig und meldete mich daher für eine Arbeit im Schacht. Nun arbeitete ich in 600 Meter Tiefe. Diese Tätigkeit war auch schwer, aber ich fror wenigstens nicht mehr so sehr. Meist war ich für die Nachtschicht eingeteilt. Man bot mir Zigaretten an, aber ich wollte weder zum Raucher noch zum Alkoholiker werden. Mir war die Gefahr der Abhängigkeit bekannt, denn als Schüler hatte ich mich zum Trinken und Rauchen hinreißen lassen. Allein die Gebete meiner Mutter haben mich davon befreit. Damit erfüllte sich das Bibelwort: „Wen der Sohn frei macht, der ist recht frei." Bis heute habe ich dies nicht bereut. Eine neue Aufgabe auf dem Flöz wurde mir zugeteilt. Fortan war ich beim Abbau von Kohlen beschäftigt. Auch das war keine leichte Arbeit. Mit einer Hacke musste ich die Kohle abschlagen. Zweimal wurde ich vom losen Gestein verschüttet und einmal wäre ich beinahe von einem Steinbrocken erschlagen worden. Mir wurde bewusst: Gott wollte, dass ich noch lebe, und er hat mich vor dem Tode bewahrt. Die Kriegsgefangenschaft war wohl die bedrohlichste Zeit meines Lebens, aber auch die wertvollste. Denn da wurde eine tiefe Sehnsucht nach Gott in mir geweckt. Wenn ich mich als Hauer im Bergwerk abschuftete, wurde ich oft an das Lied erinnert:

Jesu, geh voran auf der Lebensbahn!
Und wir wollen nicht verweilen, dir getreulich
nachzueilen;
führ uns an der Hand bis ins Vaterland.

Soll's uns hart ergehn, lass uns feste stehn
und auch in den schwersten Tagen niemals über Las-
ten klagen;
denn durch Trübsal hier geht der Weg zu dir.

Rühret eigner Schmerz irgend unser Herz,
kümmert uns ein fremdes Leiden, o so gib Geduld
zu beiden;
richte unsern Sinn auf das Ende hin.

Ordne unsern Gang, Jesu, lebenslang.
Führst du uns durch rauhe Wege, gib uns auch die
nöt'ge Pflege;
tu uns nach dem Lauf deine Türe auf.

Oftmals habe ich dieses Lied gesungen und dar-
aus Kraft und neuen Lebensmut geschöpft. In mir
machte sich ein tiefes Verlangen breit, nach Hause
zu kommen. Die Gefangenschaft dauerte mir viel
zu lange. Aber wann meine glückliche Stunde schla-
gen würde, blieb mir verborgen. An vieles hatte ich
mich in dieser Zeit gewöhnt, und doch hoffte ich
fast täglich auf eine Überraschung. Ich wollte nicht
vergeblich auf dieses hohe Ziel warten. Und dann

geschah das kaum Fassbare. Am 1.7.1949, also fünf Jahre nach meiner Gefangennahme, schlug mir die Stunde der Heimkehr. Ich kehrte gerade aus meiner Schicht in das Lager zurück, als mir ein Bekannter mit der Nachricht entgegenkam: „Werner, du wirst entlassen!" Dieser Satz hätte mich fast umgehauen. So schnell ich konnte, lief ich zur Anschlagetafel. Wirklich las ich dort auf einer langen Liste auch meinen Namen: Werner Uhlig. Mir liefen Freudentränen über das Gesicht. Am liebsten hätte ich laut aufgeschrien: „Gott, ich danke dir!" Und noch heute bin ich bewegt, wenn ich an diesen Augenblick erinnert werde. Es gibt tatsächlich noch Wunder. Dann ging alles sehr schnell. Am 5.7.1949 stand in Kadijefky ein Zug bereit. Als unsere Namen aufgerufen wurden, durften wir in den Zug einsteigen. Die Personalien wurden noch einmal kontrolliert, dann setzten sich die Räder in Bewegung. Ich konnte meine Tränen kaum zurückhalten. Es ging endlich heim zu meinen Lieben. Unser Zug fuhr quer durch die Ukraine. Die Fenster waren dieses Mal nicht vergittert, und wir konnten uns auf Sitzplätzen ausruhen. Nach mehreren Stunden Fahrt hatten wir die polnische Grenze überquert und erreichten deutschen Boden. Als wir in den Bahnhof in Frankfurt an der Oder einfuhren, musste ich vor lauter Glück wie ein kleines Kind weinen. Wieder wurden die Entlassungspapiere gesichtet. Dann durften wir aussteigen. Nun waren wir frei, endlich frei! Zu Fuß gingen wir zu einem Quarantänelager. Dort wurden wir von unseren quälenden Mitbewohnern, den Läusen, befreit. Wir erhielten frische Unterwäsche, einen einfachen Anzug und ein Paar Schuhe. Auch der Entlassungsschein mit einer Fahrkarte nach Chemnitz wurde uns ausgehändigt. Zugleich schickte ich ein Telegramm an meine Mutter. Am 14. Juli 1949, genau zwei Tage vor meinem 23. Geburtstag, schlossen mich meine Lieben in ihre Arme. Auch der Jugendkreis der Landeskirchlichen Gemeinschaft Klaffenbach besuchte mich und lud mich in ihren Kreis ein. In der folgenden Zeit begann ich die Bibel zu lesen und zu beten. Gottes Wort wurde mir immer wichtiger. Jeremia 6,16 erlebte ich als wunderbares Motto für mein Dasein: „Fragt nach dem richtigen Weg und dann beschreitet ihn, so werdet ihr Ruhe für euer Leben finden." Und im Neuen Testament sagt Jesus: „Ich bin der Weg, die Wahrheit und das Leben. Ohne mich kann niemand zum Vater im Himmel kommen." Bewusst traf ich eine Lebensentscheidung und wollte mich für die große Tat, die Jesus für mich am Kreuz auf Golgatha vollbracht hat, in seine Arme werfen. Folgendes Lied wurde mein Lieblingslied:

Nur mit Jesu will ich, Pilger, wandern,
nur mit Ihm geh' froh ich ein und aus;
Weg und Ziel find ich bei keinem andern,

Er allein bringt Heil in Herz und Haus,
Er allein bringt Heil in Herz und Haus.

Berg und Tal und Feld und Wald und Meere,
froh durchwall' ich sie an seiner Hand,
wenn der Herr nicht mein Begleiter wäre,
fänd ich nie das wahre Vaterland,
fänd ich nie das wahre Vaterland.

Er ist Schutz, wenn ich mich niederlege,
Er mein Hort, wenn früh ich stehe auf,
Er mein Rater an dem Scheidewege
und mein Trost bei rauhem Pilgerlauf
und mein Trost bei rauhem Pilgerlauf.

Bei dem Herrn will ich stets Einkehr halten,
Er sei Speis' und Trank und Freude mir,
seine Gnade will ich lassen walten,
Ihm befehl ich Leib und Seele hier,
Ihm befehl ich Leib und Seele hier.

Bis es Abend wird für mich hienieden,
und Er ruft zur ew'gen Heimat hin,
bis mit Ihm ich gehe ein zum Frieden,
wo sein sel'ger Himmelserb' ich bin,
wo sein sel'ger Himmelserb' ich bin.

Im Jugendkreis lernte ich auch meine Irene kennen. Am ersten Advent 1953 verlobten wir uns, und die

Hochzeit fand am 21. Mai 1955 statt. Unsere Ehe wurde mit zwei wunderbaren Töchtern reich gesegnet, die auch Jesus von ganzem Herzen lieb haben. Mit Psalm 103,2 kann ich nur sagen: „Ich will den Herrn loben und nie vergessen, wie viel Gutes er mir getan hat."

Das Gebetsbett

Heute habe ich eins meiner Kinder besucht. Oft ist mir dies nicht möglich, da die Familie etwas zu weit von uns wohnt. Aber umso größer ist dann die Freude, wenn wir uns sehen, und unter lautem Hallo werde ich immer empfangen. Natürlich komme ich nie mit leeren Händen. In meinem Gepäck habe ich für jedes Kind eine neue Sporttasche. Von allen Seiten wurde sie begutachtet, und die Kleinen überlegten, in welchem Fach das Trikot und die Fußballschuhe ihren Platz finden könnten. „Danke! Danke, Oma Lotte!", umarmte mich der Jüngste besonders innig.

Es wurde ein glücklicher Tag in der Familie, obwohl hinter Emanuel, dem Jüngsten, schon eine schlimme Verfolgungsjagd lag. Ach, wie viel hatte er mir zu erzählen. Acht Jahre ist er alt. Als er an diesem Tag aus der Schule kam, hatte er etwas Schlimmes erlebt. Das musste er sich erst einmal von der Seele reden. Auf dem Heimweg hatte ihn ein laut kläffender Pudel verfolgt und ihm schreckliche Angst bereitet. Immer schneller war der Zweitklässler durch den Park gelaufen, bis er ganz außer Atem war. „Oma, müsste der Hund nicht angeleint sein? Warum hat sein Frauchen dies nicht getan? Sie hat das Tier noch nicht einmal zurückgerufen, als es mich so böse verfolgte, sondern blieb einfach am Kiosk stehen. Noch jetzt quält mich der Schreck, dass der Hund mich hätte beißen können."

Ich nahm meinen Enkel noch fester in die Arme und drückte ihn an meine Brust. Die Tränen wischte ich von seinen Wangen. „Ja, das ist wirklich schlimm! Hunde müssen in einer Stadt immer an der Leine geführt werden. Sie dürfen Kinder nicht einfach durch den Park jagen. Aber nun sei doch nicht mehr traurig, mein kleiner Schatz. Du weißt doch, dass Papa schon mit dem Fahrrad Richtung Kiosk fährt und mit der Dame reden will. Sie wird in Zukunft ihren Hund nicht mehr unangeleint durch den Park laufen lassen." So versuchte ich Emanuel zu trösten. Noch einmal atmete der kleine Kerl tief durch.

„Aber Oma, jetzt will ich dir mein Zimmer zeigen. Es ist zwar heute noch nicht aufgeräumt, aber ich habe mit meinen Legos eine richtige Stadt aufgebaut. Die Kirche ist das schönste und höchste Gebäude, und gleich daneben steht der Zoo. Oma, du weißt doch, wie sehr ich die Tiere liebe. Tiger habe ich besonders gern, und sie stehen bei mir in einem wunderschönen Gehege, von Bäumen und Sträuchern umgeben. Sogar ein kleiner Bach fließt durch das Gelände, und die Brücke, die über das Wasser führt, habe ich mir erst neulich zum Geburtstag gewünscht und auch geschenkt bekommen. Seit mein Bruder Cornelius sein eigenes Zimmer hat, bleibt mir viel mehr Platz zum Spielen. Im Doppelbett schlafe ich jetzt oben, und das untere Bett ist mein Gebetsbett. Am Kopfende liegt immer meine Bibel. Jeden Morgen lese ich darin immer einen Abschnitt und dann bete ich. Schau hier, Oma! Siehst du das Bild an der Wand? Ich habe es selbst gemalt. Vor diesem Bild knie ich immer, wenn ich mit Gott rede."

„Das hast du selbst gemalt? Ich finde es wunderschön. Da hast du dir aber viel Mühe gegeben. In der Mitte steht das Kreuz mit dem leidenden Jesus. Seinen Kopf hat er vor lauter Schmerzen tief gesenkt. Daneben ganz dicht unter dem Kreuz hast du einen kleinen Jungen aufs Papier gebracht, der zum Heiland aufschaut. Emanuel, ich freue mich, dass du Jesus so innig liebst. Ihm darfst du alles anvertrauen, was dich bewegt. Freue dich an ihm, denn er ist dein bester Freund."

„Oma, ja das weiß ich."

Welch ein Glück ist es doch, muss ich im Stillen denken, wenn Kinder früh die Verbindung zu Jesus gefunden haben. Ich gehe in meinen Gedanken zurück und denke besonders an Emanuels Vater. Aus der Kinderbibel habe ich ihm viele Geschichten vorgelesen, und dann haben wir zusammen noch unsere Hände gefaltet und gebetet. Daniel war ja der Jüngste in der Familie. Als er acht Jahre wurde, hat er sich eine eigene Bibel gewünscht. „Daniel, du wirst die Bibel noch nicht verstehen können", versuchte ich ihn von diesem Gedanken abzubringen. Er aber bestand fest darauf, und weil ich ihm keine

Bibel schenkte, hat er sie sich von Gottfried, seinem ältesten Bruder, erbeten. Und wirklich, auf seinem Geburtstagstisch lag eine wunderschöne Bibel.

„Daniel, ich werde dir einen Bibelleseplan besorgen, damit du die Geschichten von Jesus besser verstehen kannst."

„Aber Mama, ich brauche keinen Bibelleseplan. Ich habe mir schon alles gut überlegt. Jeden Tag werde ich fünf Kapitel lesen und fange bei Mose an. Dann bin ich in einem Jahr fast durch die ganze Bibel durch."

Das ist aber sehr viel, dachte ich im Stillen. Nach ein paar Wochen fragte mich unser Achtjähriger: „Mama, muss ich denn die schwierigen Namen immer genau aussprechen? Einige von ihnen sind sehr lang. Oder genügt es auch, wenn ich bei Oholiamas einfach Oho lese?"

„Ja, das kannst du so machen." Die vielen Namen in den Geschlechtsregistern lassen sich wirklich nicht leicht lesen. So haben wir dieses Problem gelöst.

Aber schon drei Monate später meinte Daniel: „Mama, fünf Kapitel sind wirklich viel. Ich werde jetzt jeden Morgen drei lesen und mir das Wichtigste, das ich mir merken soll, in einem Satz aufschreiben."

„Ja, mein Schatz, das finde ich wunderbar."

Nun liegt in meinem Schrank eine dicke Mappe mit vielen Blättern. Ihre Eintragungen darauf sind mir wertvoll. Da lese ich:

Liebe deine Geschwister.

Hilf deiner Mama beim Unkrautjäten.

Betrüge nicht bei den Klassenarbeiten.

Gib Gott den Zehnten.

Freue dich an Jesus und danke ihm, dass er dich liebt.

Aber nach einem halben Jahr sprach Daniel wieder mit mir und meinte: „Mama, Josua und die Psalmen sind zu schwer für mich. Ich werde jetzt Hiob und die Offenbarung lesen."

An der Stelle wurde mir klar: Jetzt ist es doch an der Zeit, dass ich für meinen Jüngsten einen Bibelleseplan bestelle. Darüber war Daniel sehr beglückt. Voller Freude sagte er mir: *Der gute Start* ist wirklich ein guter Start für mein Leben."

So wurde die Bibel eine feste Grundlage in Daniels Leben. In den Ferien lud er abwechselnd eine Woche lang einen seiner Freunde in sein Zimmer und führte ihn ins Bibellesen ein. Immer wenn dann die Woche herum war, bestellte ich für Dieter, Stephan, Sebastian und Florian den *Guten Start*. Besonders freut es mich auch, dass sich seine Klassenkameraden zur Jungschar einladen ließen.

Nach dem Abitur begann Daniel Theologie zu studieren. Welch ein gutes Fundament hat Gott ihm durch die tägliche Bibellese geschenkt. Als er während seines Studiums das Biblicum ablegen musste, bei dem die Kenntnis des Alten und Neuen Testaments geprüft wird, hat sein Professor nach einer Viertelstunde die Prüfung abgebrochen und ihm gesagt: „Herr Bormuth, wir machen jetzt Schluss, ich kann bei Ihnen keine Lücken mehr finden." Mit „sehr gut" wurde dieses Examen bewertet.

Verkündiger des Evangeliums ist Daniel geworden, und ich begleite ihn mit meinen Gebeten. Wie aber wird Emanuels Weg weitergehen? Der Anfang mit dem Gebetsbett ist gesetzt. Ich kann nur morgens in meiner Stillen Zeit die Hände falten und für alle meine fünf Kinder und 17 Enkel beten, dass Gott sie bewahren, segnen und zu mutigen Zeugen berufen möge.

Adresse der Autorin:
Lotte Bormuth
Sperberweg 8a
35043 Marburg
Tel.: 06421-41347